#RANK

改訂版

中学英熟語450

Gakken

はじめに

高校入試で出題される，実用的な英熟語をランク順にまとめた『ランク順英熟語』の最初の版が刊行されたのは 1989 年のことです。その後，最新のデータに合わせて改訂を重ね，今ではシリーズ累計 460 万部を超えるベストセラーとなりました。

このたび最新版を刊行するにあたっていちばん重視したことは，最新の入試問題を分析し尽くすことです。過去 5 年分の全国の都道府県立高校の入試問題と，難関私立・国立高校の入試問題をテキスト化した膨大な語数のコーパス（データベース）を作成し，長文問題からリスニングテストのスクリプト（台本）にいたるまで徹底分析し，その結果にもとづいた最新のランク順に熟語を配列しました。

また，本書に掲載されている 450 の熟語をクイズ形式で確認できるアプリと，熟語と例文を読み上げた音声を無料で利用できます。音声は，紙面に掲載された二次元コードを読み取ることで，手軽に再生できます。

本書が高校受験の力強いパートナーとなり，志望校合格の手助けになることを心より願っています。

CONTENTS

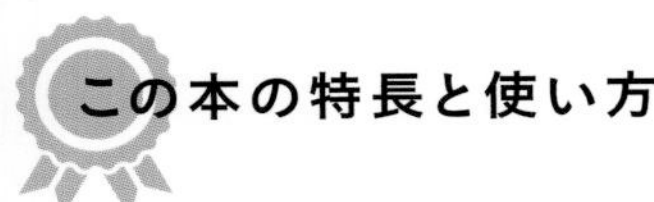

この本の特長と使い方

最新コーパスから熟語をランク付け

本書は，全国の高校入試に出題された英文のコーパス（データベース）を徹底的に分析し，入試に出やすい450の熟語を出題頻度の高い順に掲載しています。最新の入試では，長文読解の比率が高くなり，文中にあてはまる熟語を選ぶ問題や，熟語の正しい活用を問う問題が増えています。また，英作文の出題率は全体の2～3割を占めています。そのため，熟語のつづりや意味をただ暗記するのではなく，熟語の構造を理解し，使いこなす力が求められます。

●ランクが上がった熟語の例

such as ～	instead of ～
on the other hand ～	used to ～
get along with ～	How many times ～?

"as ～ as ..." と暗記するのはやめよう！

本書では，熟語のつづりや意味をただ暗記するのではなく使い方まで理解して覚えられるよう，見出し語を as ～as ...（…と同じくらい～）と表記せず，as *tall* as ～（～と同じくらい*高い*）と表記しています。白い文字で表記された単語は，ほかの単語に置き換えられることを表しています。これにより，見出し語を覚えると同時に，as と as の間には形容詞が入ることを覚えることができ，as *small* as ～（～と同じくらい*小さい*），as *rich* as ～（～と同じくらい*裕福な*）などと自分で応用して使えるようになります。

目標に応じたレベル別構成

この本は，入試での出題頻度の高い順に4つのレベルに分けて，章を構成しています。

目標	1 基本レベル	2 標準レベル	3 高得点レベル	4 超ハイレベル
標準	必修	必修	得点アップ	
進学校	必修	必修	必修	
難関国私立	必修	必修	必修	得点アップ

本書の「基本レベル」と「標準レベル」の2つの章は，めざす高校にかかわらず，すべての人が必ず学習すべき部分です。

進学校をめざす人

「高得点レベル」の熟語まで必ず学習してください。本書の「高得点レベル」までで，都道府県立などの公立高校の共通入試に出る熟語のほとんどをカバーしています。

私立高校の入試や公立高校の独自入試では，学校によって「超ハイレベル」からも多少出題される可能性がありますので，余裕があれば「超ハイレベル」の熟語もチェックしておきましょう。

難関有名私立・国立校をめざす人

難関とされる有名私立・国立校（中学校の教科書で学習する内容を超えた発展的な内容の問題が多く出されるような高校）を受験する場合は，「超ハイレベル」の熟語まで学習しましょう。

基本構成

覚えやすい！厳選された訳語

覚えておくべきもっとも重要な訳語を厳選し，暗記しやすくしました。

熟語の使い方がひとめでわかる表記

他の参考書では want ～ to …(～に…してもらいたい)と書かれることの多い熟語ですが，本書では want *you* to ～(あなたに～してもらいたい)のように掲載しています。こうすることで，例文をチェックしなくても熟語の使い方がパッと見でわかります。

加点に役立つ解説

間違えやすいポイントや，熟語を覚えるためのヒントを解説しています。特に重要な解説はピンクのふきだしになっています。

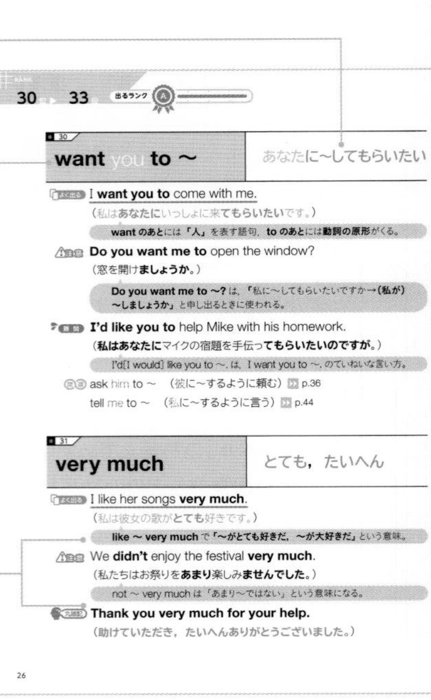

RANK
30 ▶ 33
出るランク A
30
want you to ～
あなたに～してもらいたい
よく出る I want you to come with me.
(私はあなたにいっしょに来てもらいたいです。)
want のあとには「人」を表す語句，to のあとには動詞の原形がくる。
注意 Do you want me to open the window?
(窓を開けましょうか。)
Do you want me to ～? は，「私に～してもらいたいですか→(私が)～しましょうか」と申し出るときに使われる。
I'd like you to help Mike with his homework.
(私はあなたにマイクの宿題を手伝ってもらいたいのですが。)
I'd[I would] like you to ～. は，I want you to ～. のていねいな言い方。
ask him to ～ (彼に～するように頼む) p.36
tell me to ～ (私に～するように言う) p.44
31
very much
とても，たいへん
よく出る I like her songs very much.
(私は彼女の歌がとても好きです。)
like ～ very much で「～がとても好きだ，～が大好きだ」という意味。
注意 We didn't enjoy the festival very much.
(私たちはお祭りをあまり楽しみませんでした。)
not ～ very much は「あまり～ではない」という意味になる。
Thank you very much for your help.
(助けていただき，たいへんありがとうございました。)
26

08

基本レベル　標準レベル　高得点レベル　超ハイレベル

32

be able to ～

～することができる

よく出る I want to **be able to** speak English well.

（私は英語をじょうずに話す**ことができる**ようになりたいです。）

to のあとは**動詞の原形**が続く。
be 動詞は主語によって **am**，**are**，**is** を使い分ける。

注意 I **was able to** finish my homework.

（私は宿題を終える**ことができました。**）

過去の文は，**「～することができた」**という意味になる。
be 動詞は主語によって **was**，**were** を使い分ける。

注意 We **will be able to** change the world someday.

（私たちはいつか世界を変える**ことができるでしょう。**）

will や may などの**助動詞と組み合わせて使う**こともできる。

33

of course

もちろん

よく出る Can you come with me? — Yes, **of course**.

（私といっしょに来てくれますか。— はい，もちろんです。）

注意 **Of course**, I'll join the party.

（**もちろん**，私はパーティーに参加します。）

「もちろん，当然」という意味で，文全体を修飾することもある。

難関 You didn't break this cup, did you?
— **Of course not.**

（このカップを割ってないですよね。— **もちろん，割っていません。**）

Of course not. は**「もちろん(～ではない)。」**という意味。

関連 Sure. （いいですよ。）

27

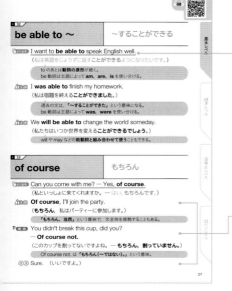

音声再生用二次元コードつき

紙面に掲載された二次元コードをスマホやタブレットで読み取ることで，音声を手軽に再生できます。

入試によく出る例文

よく出るは入試に出やすい意味や語法を取り上げて作られた例文です。訳文は赤フィルターでチェックできます。時間のない人は，よく出る例文だけを確認するのもよいでしょう。

関連づけて効率学習

注意は注意が必要な使い方，難関は難易度の高い例文，丸暗記はそのまま覚えるとよい慣用的な表現，関連は類義語・反対語・関連語です。まとめて覚えると効率的です。

この本の記号と表記

熟語の表記

本書の見出し語では，do *one's* homework のように *one* を使わず，do *my* homework（宿題をする）のように具体的な代名詞を使って表記しています。また，enjoy ～ ing や as ～ as ... ではなく，enjoy *play*ing（*するの*を楽しむ）や as *tall* as ～（～と同じくらい*高い*）のように具体的な動詞や形容詞を使って表記しています。こうすることで，例文を読まなくても，熟語の使い方がひとめでわかるようになっています。白い文字になっている *my* は *your* や *his* に，*play* は *talk* や *swim* に，*tall* は *fast* や *big* などに置き換えられることを表しています。

略号

名…名詞　動…動詞　助…助動詞

形…形容詞　副…副詞　前…前置詞　接…接続詞

無料アプリについて

本書に掲載されている450の熟語をクイズ方式で確認できるアプリを
無料でご利用いただけます。

アプリのご利用方法

スマートフォンでLINEアプリを開き、「学研ランク順」を友だち追加いただくことで、
クイズ形式で単語が復習できるWEBアプリをご利用いただけます。

WEBアプリ
LINE友だち追加はこちらから

学研ランク順　検索

※クイズのご利用は無料ですが、通信料はお客様のご負担になります。
※ご提供は予告なく終了することがあります。

カンソウオ

メモットリ

マチゲータ

無料音声について
(MP3)

450の熟語すべてと，よく出る 例文の音声を無料でダウンロードできます。
よく出る 例文とは，入試に出やすい代表的な例文です。

収録の例

want to ～ 熟語
▼
～したい 意味
▼
What do you want to be in the future? よく出る 例文
▼
あなたは将来，何になりたいですか。 日本語訳

ご利用方法

読者のみなさんのスタイルに合わせて、音声は次の2通りの方法でご利用いただけます。

1 アプリで開く

音声アプリ「my-oto-mo(マイオトモ)」に対応しています。右の二次元コードか、以下のURLにスマートフォンかタブレットでアクセスいただき、ダウンロードしてください。

https://gakken-ep.jp/extra/myotomo/

※アプリのご利用は無料ですが、通信料はお客様のご負担になります。　※パソコンからはご利用になれません。

2 パソコンにダウンロードして開く

以下のURLのページ下部のタイトル一覧から、「高校入試ランク順英単語」を選択すると、MP3音声ファイルをダウンロードいただけます。

https://gakken-ep.jp/extra/myotomo/

※ダウンロードできるのは，圧縮されたMP3 形式の音声ファイルです。再生するには、ファイルを解凍するソフトと、iTunes やWindows Media Playerなどの再生ソフトが必要です。
※お客様のネット環境およびスマートフォン、タブレットによりアプリをご利用いただけない場合や、お客様のパソコン環境により音声をダウンロード、再生できない場合、当社は責任を負いかねます。また、アプリ、音声のご提供は予告なく終了することがあります。ご理解、ご了承いただけますようお願い申し上げます。

基本レベル

この章に収録されているのは，高校入試で数多く出ている基本熟語です。リスニングや長文読解，英作文など，さまざまなジャンルの問題で頻出する熟語ばかりですので，もれなく確実にマスターしましょう。

1 want to ～

～したい

よく出る What do you **want to** be in the future?

（あなたは将来，何になり**たい**ですか。）

to のあとは**動詞の原形**が続く。be 動詞の場合は be になる。
want to be ～で**「～になりたい」**という意味。

注意 He **wants to know** more about AI.

（彼は AI［人工知能］についてもっと**知りたがっています。**）

3 人称単数・現在の文でも，過去の文でも，**to のあとは動詞の原形。**

▶ I **want you to** help me.

（私は**あなたに**手伝って**もらいたい**です。）

want と to の間に you などの「人」を表す語が入り，**〈want 人 to ～〉**の形になると，**「(人)に～してもらいたい」**という意味になる。▶▶ p.26

関連 I'd like to ～. / I would like to ～.　（～したいのですが。）▶▶ p.35

2 a lot of ～

たくさんの～

よく出る I learned **a lot of** things from him.

（私は彼から**たくさんの**ことを学びました。）

a lot of に続く数えられる名詞は，**複数形**にする。

注意 **A lot of** food is thrown away every day.

（毎日，**たくさんの**食べ物が捨てられています。）

数えられる名詞だけではなく，**数えられない名詞**にも使える。
疑問文と否定文では many や much が使われることが多い。

関連 a lot　（たくさん，とても）▶▶ p.24

lots of ～　（たくさんの～）▶▶ p.88

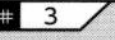

look at ～　～を見る

 **Look at** this picture.

（この写真**を見て**。）

> look at ～と see の違いも押さえておこう。
> look at ～→ **「見ようと思って目を向ける」** というときに使う。
> see → **「自然に目に入る」** というときに使う。

丸暗記 **What are you looking at?**

（あなたは何を見ているのですか。）

関連 look for ～　（～をさがす） ▶▶ p.32

look like ～　（～のように見える，～に似ている） ▶▶ p.61

talk about ～　～について話す

よく出る I'm going to **talk about** my experience.

（私は自分の経験**について話す**つもりです。）

▶ What are they **talking about**?

（彼らは何**について話している**のですか。）

> 話題になっていることは何かをたずねるときに使う。

▶ We **talked about** how to study at home.

（私たちは家での勉強方法**について話しました**。）

関連 talk with ～　（～と話をする，～と話し合う） ▶▶ p.18

talk to ～　（～と話をする，～に話しかける） ▶▶ p.29

5 have to ～

～しなければならない

よく出る I **have to** go to bed by eleven.
（私は 11 時までに寝**なければなりません。**）

to のあとは**動詞の原形**が続く。

注意 He **has to** study English harder.
（彼はもっと熱心に英語を勉強し**なければなりません。**）

注意 We **had to** stay at home yesterday.
（私たちは昨日，家にい**なければなりませんでした。**）

主語が **3 人称単数** → has to ～
過去のとき → had to ～

関連 don't have to ～ （～する必要はない） ▶▶ p.40

6 come to ～

～に来る

よく出る Can you **come to** my house at three?
（3 時に私の家**に来る**ことができますか。）

to のあとには，**場所**を表す語句がくる。

注意 Many people **came to see** our performance.
（多くの人々が私たちのパフォーマンスを**見に来ました。**）

to のあとに**動詞の原形**がくることもある。

難関 You'll **come to understand** different cultures.
（あなたは異文化を**理解するようになる**でしょう。）

〈come to ＋動詞〉は，「～しに来る」という意味のほか，**「～するようになる」**という意味も表す。

関連 come and see （会いに来る） ▶▶ p.81

7

be going to ～　～するつもりだ

よく出る He **is going to** visit his grandfather tomorrow.
（彼は明日，祖父を訪ねる**つもりです。**）

未来のことを表すときに使う。be 動詞は主語に合わせて使い分ける。
主語が **I** → I am **going to** ～.
主語が **you や複数** → You are **going to** ～.
主語が **3 人称単数** → He is **going to** ～.

丸暗記 **What are you going to do next Sunday?**
（あなたは次の日曜日は何をするつもりですか。）

難関 We **were going to** meet Ms. Smith.
（私たちはスミス先生に会う**つもりでした。**）

「～するつもりだった（が，しなかった）」という意味。

関連 will （助 ～するだろう）

8

enjoy playing　するのを楽しむ

よく出る I **enjoy playing** sports on the weekends.
（私は週末にスポーツを**するのを楽しみます。**）

enjoy に続く動詞は，**ing 形**にする。× enjoy to play とはしない。
stop や **finish** もあとに動詞の ing 形が続き，stop ～ing で「～することをやめる」，finish ～ing で「～し終える」という意味。

丸暗記 **I enjoyed talking with you.**
（あなたとお話しできて楽しかったです。）

会話が終わって，相手と別れるときのあいさつとしても使われる。

関連 stop playing （することをやめる） ▶▶ p.36

#9 This is ～.

[電話で]こちらは～です。

よく出る **Hello. This is Bob. May I speak to Tina? — Speaking.**

([電話で]もしもし。**こちらは**ボブ**です。** ティナをお願いできますか。

— 私です。)

電話で使われると,「こちらは～です。」という意味。自分の名前を名乗るときに使う。

注意 **This is** one of my favorite books.

(**これは**私のお気に入りの本のうちの1冊**です。**)

話し手の近くにある物・人を指すときに使われ,**「これは～です。」**という意味。

丸暗記 **This is my first visit to Japan.**

(**日本を訪問するのはこれが初めてです。**)

This is my first ～. で**「これは(私にとって)初めての～です。」**という意味。

#10 try to ～

～しようとする

よく出る We should **try to** understand each other.

(私たちはお互いに理解**しようとする**べきです。)

to のあとは**動詞の原形**が続く。

▶ I **tried to** do my best.

(私は全力をつく**そうとしました。**)

tried to ～は,「～しようとした(けどだめだった)」というときに使う。

▶ He **tried cooking** Japanese food.

(彼は日本食を**作ってみました。**)

try ～ing は,**「(ためしに)～してみる」**という意味になる。
try to ～と意味を区別して覚えておこう。

#11

how to ～　～のしかた，～する方法

よく出る I'm learning **how to make** Japanese food.

（私は日本料理**の作り方**を習っています。）

to のあとは**動詞の原形**が続く。

丸暗記 **Could you tell me how to get to the station?**

（**駅への行き方を教えていただけますか。**）

道をたずねるときの表現。道案内の場面でよく使われる。

▶ Do you know **how to use** this smartphone?

（あなたはこのスマートフォン**の使い方**を知っていますか。）

上の例文は，**Can** you use this smartphone?（あなたはこのスマートフォンが使えますか。）と書きかえることもできる。

関連 the way to ～　（～へ行く道，～する方法）p.79

#12

one of ～　～のうちの１つ

よく出る **One of** my friends lives in Kyoto.

（私の友達**の１人**は京都に住んでいます。）

いくつかあるうちの１つを表すので，あとに続く名詞は friend**s** のように**複数形**にする。
また，one of my friends（私の友達の **1 人**）までが主語なので，動詞は live**s** のように３人称単数・現在形にする。

注意 Soccer is **one of the most popular sports** in Japan.

（サッカーは日本で**最も人気のあるスポーツのうちの１つ**です。）

最上級といっしょに使われることも多い。

関連 some of ～　（～のいくつか，～のいくらか）p.29

13 talk with ～

～と話をする，
～と話し合う

よく出る I had a chance to **talk with** people from other countries.
（私はほかの国の人たち**と話をする**機会がありました。）

注意 I **talked with** my family **about** many things.
（私はいろいろなこと**について**家族**と話し合いました。**）

「～について」と話の内容をいうときには，
about を使う。

関連 talk about ～　（～について話す） p.13
talk to ～　（～と話をする，～に話しかける） p.29

14 How about ～?

～はどうですか。

よく出る **How about** this sweater**?**
（こちらのセーター**はどうですか。**）

提案するときの表現。店員が客に商品をすすめる場面でもよく使われる。
What about ～?も同じ意味で使われる。 p.133

丸暗記 **How about you?**
（あなたはどうですか。）

相手に**意見や感想をたずねるとき**に使われる。

注意 **How about going** to the new restaurant**?**
（新しくできたレストランに**行くのはどうですか。**）

何かをしようと**誘うとき**にも使われる。
about のあとに動詞が続くときは，**ing 形**にする。

関連 Shall we ～?　（～しましょうか。） p.66
Would you like ～?　（～はいかがですか。） p.92

#15

for example

例えば

よく出る In some Asian countries, **for example**, Korea and China, many people use chopsticks.

（いくつかのアジアの国，**例えば**，韓国や中国では多くの人がおはしを使っています。）

直前に述べたことの**具体的な例**を挙げるときに使う。

▶ I learned many things from my grandmother. **For example**, she taught me how to make paper cranes.

（私は祖母から多くのことを学びました。**例えば**，彼女は私に折り鶴の作り方を教えてくれました。）

for example は文の最初にくることもある。

関連 such as ～ （〈例えば〉～のような） p.39

for instance （例えば）

#16

every day

毎日

よく出る I walk to school **every day**.

（私は**毎日**歩いて学校へ行きます。）

注意 I **practiced** soccer hard **every day**.

（私は**毎日**サッカーを一生懸命**練習しました**。）

現在の文だけではなく，**過去の文**でも使われる。

関連 every year （毎年） p.64

every month （毎月） every week （毎週）

every Friday （毎週金曜日） every morning （毎朝）

1語の形 everyday は，「毎日の」という意味。(例)everyday life（日常生活）

17 need to ～

～する必要がある

よく出る I **need to** go to the hospital now.
(私は今，病院へ行く**必要があります**。)

to のあとは**動詞の原形**が続く。

注意 You **don't need to** bring anything.
(あなたは何も持ってくる**必要はありません**。)

don't need to ～で**「～する必要はない」「～しなくてもよい」**という意味。
You **don't** have **to** bring anything. と書きかえることもできる。 p.40

関連 have to ～ (～しなければならない) p.14

18 live in ～

～に住む

よく出る How long have you **lived in** Japan?
(あなたはどのくらい日本**に住んで**いますか。)

▶ My uncle **lives in** a small town.
(私のおじは小さな町**に住んでいます**。)

19 I see.

わかった。，なるほど。

よく出る I forgot the key. ― **I see.**
(私はかぎを忘れました。― **わかった。**)

「わかった。」というあいづちのときはいつでも **I see.** の形で使う。
× I saw. とはいわない。

関連 I got it. (わかった。，了解。) p.167

20 listen to ～ ～を聞く

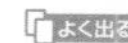

I like to **listen to** music.
（私は音楽**を聞く**ことが好きです。）

何かを**「注意してよく聞く」**というときに使う。
listen to ～と hear の違いも押さえておこう。
listen to ～→「**聞こうと思って耳をかたむける**」というときに使う。
hear →「**自然に耳に入ってきて聞こえる**」というときに使う。

▶ I tried to stop her, but she wouldn't **listen to me**.
（私は彼女を止めようとしましたが，彼女は**私の言うことを聞こう**としませんでした。）

to のあとに「人」を表す語が続くと，**「(人)の言うことに耳をかたむける，(人)の言うことを聞く」**という意味になる。

21 in the future 将来は

よく出る I want to be a doctor **in the future**.
（私は**将来**，医師になりたいです。）

将来の夢などをいうときによく使われる。

丸暗記 **What do you want to do in the future?**
（あなたは将来，何をしたいですか。）

▶ I hope your dream will come true **in the future**.
（あなたの夢が**将来**，実現することを願っています。）

注意 John kept studying hard **for his future**.
（ジョンは**将来のために**熱心に勉強し続けました。）

for his future で「(自分の)**将来のために**」という意味。主語が **I** なら for **my** future となる。

基本レベル
標準レベル
高得点レベル
超ハイレベル

22 Can you ～?

～してくれますか。

よく出る **Can you** tell me what this word means**?**

（この単語が何という意味か私に教え**てくれますか**。）

相手に**依頼する**ときの言い方。友達同士など，気軽にお願いするときに使われる。

丸暗記 **Can you help me?**

（**手伝ってくれますか**。）

ていねいに頼むときには，Can の代わりに **Would** や **Could** を使う。

関連 Will you ～?　（～してくれますか。）▶▶ p.34

Could you ～?　（～していただけますか。）▶▶ p.57

Would you ～?　（～していただけますか。）

23 decide to ～

～しようと決心する

よく出る Mari **decided to** go abroad.

（真理は外国へ行こう**と決心しました**。）

to のあとは**動詞の原形**が続く。
× decide to going abroad などとしないこと。

▶ Have you **decided to** join the speech contest yet?

（あなたはもうスピーチコンテストに参加する**決心はしました**か。）

難関 We **decided not to** accept your plan.

（私たちはあなたの計画を受け入れ**ないことにしました**。）

decide **not** to ～で「**～しないことにする**」という意味になる。

関連 make a decision　（決断する）▶▶ p.154

\# 24

at home

家で

よく出る I study English **at home** every day.

（私は毎日，**家で**英語を勉強します。）

注意 Judy will **be at home** this afternoon.

（ジュディーは今日の午後は**家にいる**でしょう。）

be at home, stay at home で **「家にいる」** という意味。

May I speak to Meg, please?

— Sorry, she is not **at home** now.

（[電話で] メグをお願いできますか。

— すみません，彼女は今，**家に**いません。）

難関 Please **make yourself at home**.

（どうぞ**おくつろぎ**ください。）

yourself の部分は主語によって形を使い分けるよ。

make yourself at home で **「くつろぐ」** という意味。

\# 25

more than ～

～以上，～よりもっと

よく出る Our school had **more than** three hundred students last year.

（私たちの学校は昨年，300 人**以上**の生徒がいました。）

more than のあとには，**「数」** がくることが多い。more than three hundred は，厳密には 300 を含まないので，「301 人以上」ということになる。

難関 This success means **more than just** success to us.

（この成功は私たちにとって**単なる**成功**以上の**意味があります。）

more than just ～は，**「単なる～以上の…」** という意味。

26 a lot

たくさん，とても

よく出る Nick knows **a lot** about animals.

（ニックは動物のことを**たくさん**知っています。）

「たくさんのこと」「たくさんのもの」という意味。

丸暗記 **Thanks a lot.**

（どうもありがとう。）

Thank you very much. よりもくだけた言い方。

注意 They helped me **a lot**.

（彼らは私を**ずいぶん**助けてくれました。）

「ずいぶん，よく」という意味もある。

関連 a lot of ～　（たくさんの～） ▶▶ p.12

27 each other

お互い（に）

よく出る We smiled at **each other**.

（私たちは**お互いに**ほほえみ合いました。）

▶ How do they communicate with **each other**?

（彼らはどのようにして**お互いに**コミュニケーションをとっているのですか。）

× smile each other や× communicate each other とするのは間違い。
at や with が必要。

丸暗記 **It is important for us to help each other.**

（私たちがお互いに助け合うことは大切です。）

難関 The people in this town know **one another** very well.

（この町の人たちは**お互い**をとてもよく知っています。）

one another も「お互い(に)」という意味を表す。

28 be interested in ～　～に興味がある

よく出る Sarah **is interested in** Japanese culture.
（サラは日本の文化**に興味があります**。）

be 動詞は，主語と時（現在か過去か）によって，**am**，**are**，**is**，**was**，**were** を使い分ける。

注意 I'**m interested in studying** abroad.
（私は外国で**勉強することに興味があります**。）

in のあとに**動詞**が続くときは，**ing 形**にする。

▶ How did you **become interested in** history?
（あなたはどのようにして歴史**に興味をもつようになった**のですか。）

▶ I **got interested in** the problem of food waste.
（私は食品廃棄物問題**に興味をもつようになりました**。）

be 動詞ではなく，**become** や **get** が使われることもある。
「～に興味をもつようになる」という意味。

29 go shopping　買い物に行く

よく出る I can't **go shopping** with you today.
（私は今日，あなたと**買い物に行く**ことができません。）

go のあとは**動詞の ing 形**を続ける。× go to shopping とはいわない。

▶ We **went fishing** in the river.
（私たちは川へ**釣りに行きました**。）

ほかに次のような形でも使われる。
go skiing（スキーに行く）
go camping（キャンプに行く）
go swimming（泳ぎに行く）
go running（走りに行く）
go cycling（サイクリングに行く）

30

want you to ～　あなたに～してもらいたい

よく出る **I want you to come with me.**
（私は**あなたに**いっしょに来**てもらいたい**です。）

want のあとには**「人」**を表す語句，**to のあと**には**動詞の原形**がくる。

注意 **Do you want me to** open the window?
（窓を開け**ましょうか。**）

Do you want me to ～? は，「私に～してもらいたいですか→**（私が）～しましょうか」**と申し出るときに使われる。

難関 **I'd like you to** help Mike with his homework.
（**私はあなたに**マイクの宿題を手伝っ**てもらいたいのですが。**）

I'd[I would] like you to ～. は，I want you to ～. のていねいな言い方。

関連 ask him to ～　（彼に～するように頼む）p.36
tell me to ～　（私に～するように言う）p.44

31

very much　とても，たいへん

よく出る I like her songs **very much**.
（私は彼女の歌が**とても**好きです。）

like ～ very much で**「～がとても好きだ，～が大好きだ」**という意味。

注意 We **didn't** enjoy the festival **very much**.
（私たちはお祭りを**あまり**楽しみ**ませんでした。**）

not ～ very much は「あまり～ではない」という意味になる。

丸暗記 **Thank you very much for your help.**
（助けていただき，たいへんありがとうございました。）

32

be able to ～

～することができる

よく出る I want to **be able to** speak English well.

（私は英語をじょうずに話す**ことができる**ようになりたいです。）

> to のあとは**動詞の原形**が続く。
> be 動詞は主語によって **am**, **are**, **is** を使い分ける。

注意 I **was able to** finish my homework.

（私は宿題を終える**ことができました。**）

> 過去の文は，**「～することができた」**という意味になる。
> be 動詞は主語によって **was**, **were** を使い分ける。

注意 We **will be able to** change the world someday.

（私たちはいつか世界を変える**ことができるでしょう。**）

> will や may などの**助動詞と組み合わせて使う**こともできる。

33

of course

もちろん

よく出る Can you come with me? — Yes, **of course**.

（私といっしょに来てくれますか。— はい，**もちろんです。**）

注意 **Of course**, I'll join the party.

（**もちろん**，私はパーティーに参加します。）

> **「もちろん，当然」**という意味で，文全体を修飾することもある。

難関 You didn't break this cup, did you?

— **Of course not.**

（このカップを割ってないですよね。— **もちろん，割っていません。**）

> Of course not. は**「もちろん（～ではない）。」**という意味。

関連 Sure.　（いいですよ。）

#34 ～ year(s) old　～歳，創立～年

よく出る When she was twenty **years old**, she lived in Sydney.
（彼女は 20 **歳**のとき，シドニーに住んでいました。）

1 歳のときは **one year old** で，2 歳以上の場合は，～ year**s** old となる。また，year(s) old は省略されることもある。

注意 How old is your school? — It'll be ninety **years old** next year.
（あなたの学校は創立何年ですか。— 来年で**創立** 90 **年**です。）

「人」以外にも使われる。建物などの場合は**「創立～年，築～年，～年前のもの」**，木の場合は**「樹齢～年」**などのように訳すとよい。

#35 Can I ～?　～してもいいですか。

よく出る **Can I** ask you some questions**?**
（あなたにいくつか質問し**てもいいですか**。）

May I ～? よりもくだけた言い方。

Sure.（いいですよ。），Go ahead.（どうぞ。）などと応じるよ。

注意 **Can I have** a hamburger**?**
（ハンバーガー**をいただけますか**。）

Can I have ～? は**「～をいただけますか」「～をください」**という意味で，**注文**するときによく使われる。

注意 **Can I** take a message**?**
（［電話で］伝言を預かり**ましょうか**。）

「～しましょうか」と，**申し出る**ときにも使われる。

関連 May I ～?　（～してもいいですか。） ▶▶ p.49
What can I do for you?
（［店で］何にいたしましょうか。，ご用件は何でしょうか。）

#36

some of ～

～のいくつか，
～のいくらか

よく出る I couldn't answer **some of** the questions.
（私は質問**のいくつか**に答えられませんでした。）

あとに数えられる名詞がくるときは，**複数形**にする。

▶ **Some of** my friends like soccer.
（私の友達**の中には**サッカーが好きな人**もいます**。）

「～の中には…もいる［ある］」という意味でも使われる。

▶ **Some of the work** we are doing now is done by robots.
（私たちが今している**仕事のいくらかは**ロボットによって行われています。）

あとには**数えられない名詞もくる**。また，〈some of ＋数えられない名詞〉が主語の場合は単数扱いとなり，動詞は is などになることにも注意。

関連 one of ～　（～のうちの１つ）▶▶ p.17

#37

talk to ～

～と話をする，
～に話しかける

よく出る I tried to **talk to** my classmates in English.
（私は英語でクラスメイト**に話しかけ**ようとしました。）

丸暗記 **I'll talk to you later.**
（また近いうちに話そうね。）

別れるときのあいさつとして使う。

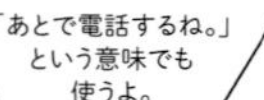

「あとで電話するね。」
という意味でも
使うよ。

注意 I **spoke to** a student from Canada.
（私はカナダから来た生徒**に話しかけました**。）

speak to ～も「～に話しかける，～と話す」という意味。

関連 talk with ～　（～と話をする，～と話し合う）▶▶ p.18

38 a little

少し，少しの

よく出る **I felt a little nervous.**

（私は**少し**緊張しました。）

程度を表して，**「少し」**という意味。

▶ Chris had **a little money**.

（クリスは**お金を少し**持っていました。）

量が少ないことを表して，**「少しの」**という意味。
数えられない名詞といっしょに使われる。

I speak Spanish a little. ともいえるよ。

▶ I speak **a little** Spanish.

（私はスペイン語を**少し**話します。）

注意 We had **little snow** last winter.

（この前の冬は**ほとんど雪が**降り**ません**でした。）

a がつかない little は**「ほとんど〜ない」**という意味。

関連 a few 〜 （少しの〜，2，3 の〜） p.33

39 one day

ある日

よく出る **One day in May, I went camping with my family.**

（5 月の**ある日**，私は家族とキャンプへ行きました。）

この one は，**「ある〜」**という意味。

注意 **One day**, she will be a famous singer.

（**いつか**，彼女は有名な歌手になるでしょう。）

過去の文では→**「ある日」**という意味。
未来の文では→**「いつか」**という意味。

関連 some day （〈未来の〉いつか） one morning （ある朝）

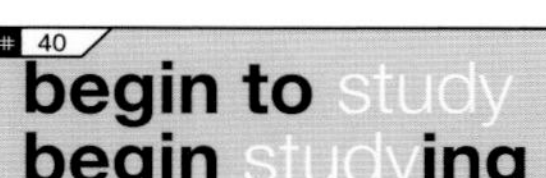

40 begin to study / begin studying　勉強し始める

よく出る They **began to study** about the moon.
（彼らは月について**勉強し始めました。**）

注意 Bob **began running** toward his house.
（ボブは家に向かって**走り始めました。**）

あとに**動詞の ing 形**がきても，**「〜し始める」**という意味になる。

注意 She **started to work** at a restaurant.
= She **started working** at a restaurant.
（彼女はレストランで**働き始めました。**）

start to 〜 / start 〜ing も「〜し始める」という意味を表す。

関連 begin with 〜　（〜から始める）

41 at school　学校で

よく出る I'm learning English **at school**.
（私は**学校で**英語を学んでいます。）

「学校で」というときは，school の前に **a や the はつけない。**

▶ I play soccer when I'm not **at school**.
（**学校**がないときは，私はサッカーをします。）

注意 Their child is still **in school**.
（彼らの子どもはまだ**在学中**です［**学校に通って**います］。）

in school は「在学中で，学校で」という意味。

授業を受けるために
「学校に行く」というときも前に
a，the はつけずに go to
school というよ。

42 look for ～ 　～をさがす

よく出る They needed to **look for** food.
(彼らは食べ物**をさがす**必要がありました。)

丸暗記 **What are you looking for?**
(あなたは何をさがしているのですか。)

▶ I'm **looking for a white shirt**.
(私は**白いシャツをさがしています**。)

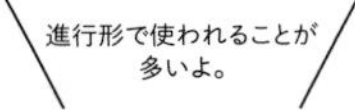

▶ I'm **looking for the station**.
(私は**駅をさがしています**。)

I'm looking for ～.(私は～をさがしているのですが。)は，**買い物**の場面や**道をたずねる**場面でも使われる。

関連 search for ～ 　(～をさがす) ▶▶ p.129

43 Thank you for ～. 　～をありがとう。

よく出る **Thank you for** your help.
(手伝ってくれて**ありがとう**。)

あとに続く語句には，**your e-mail**(メール)，**your advice**(アドバイス)，**everything**(いろいろ)などがある。

丸暗記 **Thank you for listening.**
(聞いてくれてありがとう。/ご清聴ありがとうございました。)

for のあとに**動詞**がくるときは，**ing 形**にする。

▶ **Thank you for** inviting me.
(招待してくれて**ありがとう**。)

人の家やパーティーなどに招かれたときにいうお礼の表現。

\# 44

in front of ～

～の前に

よく出る **Ken is sitting in front of the door.**
（健はドア**の前に**すわっています。）

▶ I made a speech **in front of** many people.
（私は大勢の人**の前で**スピーチをしました。）

before も「～の前に」という意味だけど，位置や場所が「～の（すぐ）前に」というときはふつう in front of ～を使うよ。

関連 behind　（前 ～の後ろに）

\# 45

a few ～

少しの～，2，3の～

よく出る **A few** days later, we went to the zoo.
（**2，3** 日後，私たちは動物園へ行きました。）

▶ I read **a few books** about the stars.
（私は星についての**本を数冊**読みました。）

あとには，**数えられる名詞の複数形**がくる。

注意 **Only a few** people came to the festival.
（**ほんのわずかの**人しかお祭りに来ませんでした。）

only a few で **「ほんのわずかの，ごく少数の」** という意味。

▶ **Few people** think the story is true.
（その話が本当だと思っている**人はほとんどいません**。）

few だけだと **「ほとんど～ない」** という意味になる。

関連 a little　（少し，少しの） ▶▶ p.30

46

Will you ～?

～してくれますか。

よく出る **Will you** tell me the way to the station**?**

（駅への道を教え**てくれますか**。）

相手に**依頼**するときに使われる。

▶ **Will you** go to the party**?**

（**あなたは**パーティーに行く**つもりですか**。）

「あなたは～するつもりですか。」という意味の，**未来**の疑問文の場合もある。どちらの意味で使われているかは，前後関係から判断する。

関連 Can you ～?　（～してくれますか。）▶▶ p.22

Could you ～?　（～していただけますか。）▶▶ p.57

Would you ～?　（～していただけますか。）

47

I'd like ～.
=I would like ～.

～がほしいのですが。

よく出る **I'd like** some tea.

（お茶**がほしいのですが。**）

I'd は I would を短縮した形。I'd like のあとに自分のほしいものを続ける。I want ～. よりもていねいな言い方。

▶ **I would like** two hamburgers.

（ハンバーガーを２つ**ください。**）

レストランやファストフード店などで注文するときにも使われる。また，短縮形を使うことが多いが，I would like ～. でもよい。

関連 I'd like to ～. / I would like to ～.　（～したいのですが。）▶▶ p.35

Would you like ～?　（～はいかがですか。）▶▶ p.92

#48 How many ～?　いくつの～

よく出る **How many** eggs do you need**?**

（あなたは**いくつの**卵が必要ですか。）

「いくつ？」と**数**をたずねるときに使う。How many のあとには，**数えられる名詞の複数形**がくる。

▶ **How many people** were there at the party**?**

（パーティーには**何人の人**がいましたか。）

物の数だけではなく，**人数**をたずねるときにも使う。
people は，複数扱いの名詞。

関連 How much ～?　（～はいくら） p.53

#49 I'd like to ～. =I would like to ～.　～したいのですが。

よく出る **I'd like to** go there with you.

（私はあなたとそこへ行き**たいのですが**。）

I'd は I would の短縮形。I want to ～. のていねいな言い方。

▶ **I would like to** talk about my favorite movie.

（私の大好きな映画についてお話し**したいと思います**。）

難関 **I'd like you to** meet my family.

（**あなたに**私の家族と会っ**てもらいたいのですが**。）

〈I'd like 人 to ～.〉で**「(人)に～してもらいたいのですが」**という意味。
〈I want 人 to ～.〉のていねいな言い方。

関連 want to ～　（～したい） p.12

I'd like ～. / I would like ～.　（～がほしいのですが。） p.34

I'd love to ～.　（ぜひ～したい。）

#50 stop playing　することをやめる

よく出る You should **stop playing** games at night.

（あなたは夜にゲームを**するのをやめる**べきです。）

stop のあとには**動詞の ing 形**がくる。

▶ Why did the girl **stop crying**?

（なぜその女の子は**泣きやん**だのですか。）

関連 enjoy playing　（するのを楽しむ）▶▶ p.15

stop **to cry**
（泣くために立ち止まる）
とすると違う意味に
なっちゃうよ。

#51 ask him to ～　彼に～するように頼む

よく出る Could you **ask him to** call me back?

（**彼に**私へ電話をかけ直す**ように頼んで**いただけますか。）

to のあとは**動詞の原形**が続く。この ask は「たずねる」という意味ではなく，「頼む」という意味。

▶ Mika **asked me to** speak more slowly.

（美香は**私に**もっとゆっくり話す**ように頼みました。**）

ask のあとには，me（私に），her（彼女に），my mother（私の母），Mika（美香）など，**「人」を表す語句**がくる。

注意 I'll **ask him for** help.

（私は**彼に**助け**を求める**つもりです。）

ask him **for** ～は，**「彼に～を頼む［求める］」**という意味。▶▶ p.142

関連 tell me to ～　（私に～するように言う）▶▶ p.44

52 in the morning

朝に，午前中に

よく出る You must get up early **in the morning**.

(あなたは**朝**早く起きなければなりません。)

early in the morning で**「朝早くに」**という意味。

▶ There are four classes **in the morning**.

(**午前中には**授業が4つあります。)

難関 What do you do **on the morning of January 1st** every year?

(**1月1日の朝には**毎年何をしますか。)

特定の日の「朝に，午前中に」というときには，**on** を使う。× in the morning of January 1st とはふつういわない。

おせちを食べて，おぞうにを食べて，それから…

関連 in the afternoon (午後に) ▶▶ p.50

in the evening (夕方に，晩に) ▶▶ p.105

53 after school

放課後

よく出る I practice soccer **after school**.

(私は**放課後**，サッカーを練習します。)

× after the school とするのは間違い。

▶ Are you free **after school**?

(あなたは**放課後**，暇ですか。)

この school は「授業」という意味。after school で「授業のあと」→「放課後」という意味になるよ。

関連 after class (授業のあとで)

after dinner (夕食後)

after lunch (昼食後)

54 because of ～ ～のために

よく出る Many buses were late **because of** the snow.
（雪**のために**多くのバスが遅れました。）

原因や**理由**を述べるときに使う。
Many buses were late **because** it was snowing. と書きかえることもできる。

▶ The climate is changing **because of** global warming.
（地球温暖化**のために**気候が変化しています。）

関連 thanks to ～　（～のおかげで） ▶▶ p.78
due to ～　（～のために） ▶▶ p.170

55 around the world 世界中で

よく出る His music is loved by people **around the world**.
（彼の音楽は**世界中で**人々に愛されています。）

around は「～の周りに，～のあちこちを」などという意味。

▶ Cars made in Japan are used **all over the world**.
（日本で作られた車は**世界中で**使われています。）

▶ Which is the longest river **in the world**?
（**世界中で**いちばん長い川はどれですか。）

all over the world や **in the world** も同じ意味を表す。
ほかにも次のような表現がある。
across the world　**throughout the world**

関連 all over ～　（～中(じゅう)で，～のいたるところで） ▶▶ p.49

56

worry about ～　～について心配する

よく出る You don't have to **worry about** the weather.
（天気**について心配する**必要はありません。）

注意 Don't **worry about making** mistakes.
（間違える**ことを心配して**はいけません。）

about のあとに動詞がくるときには **ing 形**にする。

▶ I **was worried about** you.
（私はあなた**のことを心配しました**。）

be worried about ～のように，受け身の形でもよく使われる。

57

such as ～　（例えば）～のような

よく出る I learned about sea animals **such as** whales and dolphins.
（私はクジラやイルカ**のような**海の動物について学習しました。）

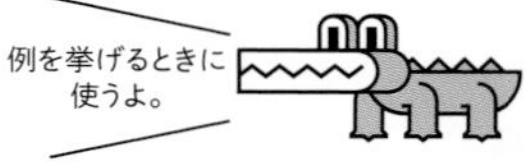

注意 At the park, you will see **such** flowers **as** roses, lilies, and pansies.
（その公園で，バラやユリ，パンジー**のような**花が見られるでしょう。）

such ... as ～の形で使われることもある。「～のような…」という意味。

関連 for example　（例えば）▷ p.19

#58 don't have to ～

～する必要はない

よく出る You **don't have to** bring your lunch.
（あなたは弁当を持ってくる**必要はありません**。）

注意 He **doesn't have to** walk to school today.
（彼は今日，歩いて学校へ行く**必要はありません**。）

主語が he など **3 人称単数**のとき → doesn't have to ～

関連 have to ～　（～しなければならない）▶▶ p.14

#59 keep trying

努力し続ける

よく出る They **keep trying** to achieve their goal.
（彼らは目標を達成するために**努力し続けています**。）

keep に続く動詞は **ing 形**にする。

▶ We have to **keep on studying** hard.
（私たちは一生懸命に**勉強し続け**なければなりません。）

on が入ると意味が強まる。▶▶ p.182

#60 That's right.

その通りです。

よく出る The library closes at five, right? — Yes, **that's right**.
（図書館は 5 時に閉まりますよね。— はい，**その通りです**。）

相手の発言に対して，**同意**したり，**賛成**したりするときに使う。

関連 That's true.　（その通りです。）
You're right.　（あなたの言う通りです。）

\# 61

How long ～?

どのくらい～

よく出る **How long** are you going to stay here**?**

— For a week.

(あなたは**どのくらい**ここに滞在する予定ですか。— 1 週間です。)

「どのくらいの期間」「どのくらいの時間」という意味で，**期間や時間**をたずねるときに使う。

注意 **How long have** you **been** in Japan**?**

(あなたは**どのくらい**日本に**いる**のですか。)

現在完了形の文といっしょに使われることも多い。

注意 **How long** is this bridge**?**

(この橋は**どのくらいの長さ**ですか。)

物の長さをたずねるときにも使われる。

\# 62

take a picture

写真を撮る

May I **take a picture** here?

(ここで**写真を撮っ**てもいいですか。)

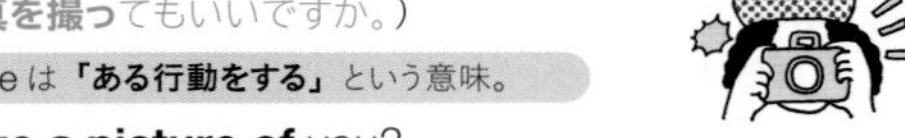

この take は**「ある行動をする」**という意味。

▶ Shall I **take a picture of** you?

(あなた**の写真を撮り**ましょうか。)

「**～の**写真を撮る」というときは，take a picture **of** ～の形を使う。

▶ Where did you **take** these **pictures**?

(あなたはどこでこれらの**写真を撮り**ましたか。)

picture**s** と複数形になることもある。

関連 take a photo　(写真を撮る)

#63 many kinds of ～ いろいろな種類の～

よく出る You can see **many kinds of** animals there.
（あなたはそこで**いろいろな種類の**動物を見ることができます。）

この kind は，**「種類」**という意味の名詞。

▶ You can buy **many kinds of food** here.
（ここでは**いろいろな種類の食べ物**を買うことができます。）

many kinds of のあとに数えられない名詞がくることもある。

関連 a kind of ～ （一種の～） ▶▶ p.72
What kind of ～? （どんな種類の～） ▶▶ p.72

#64 last year 昨年

よく出る My brother became a teacher **last year**.
（私の兄は**昨年**，教師になりました。）

この last は**「この前の～」「昨～」**という意味。
過去の文で使われる。

▶ **Last year**, Mike and I were in the same class.
（**昨年は**マイクと私は同じクラスでした。）

文の最後だけでなく，文の最初におくこともできる。

注意 What did you do **last night**?
（あなたは**昨夜**，何をしましたか。）

last ～を使った言い方を覚えておこう。
last night（昨夜） **last week**（先週）
last month（先月） **last Sunday**（この前の日曜日）
last summer（この前の夏）

65 as tall as ～ ～と同じくらい高い

よく出る Nancy is **as tall as** Mary.

（ナンシーはメアリー**と同じくらいの背の高さ**です。）

▶ I can run **as fast as** my brother.

（私は兄**と同じくらい速く**走れます。）

as と as の間には，形容詞・副詞の**原級（もとの形）**が入る。

注意 This shirt is **three times as big as** that one.

（このシャツはあのシャツ**の 3 倍の大きさ**です。）

X **times as big as ～**で，**「～の X 倍の大きさ」**という意味。
「2 倍」のときは，twice as big as ～ を使う。

難関 You can play games **as long as** you finish your homework.

（宿題を終わらせ**さえすれば**ゲームをしてもいいですよ。）

as long as のあとに〈主語＋動詞 ～〉の文が続くと，**「～しさえすれば，～する限りは」**という意味になる。

関連 not as old as ～ （～ほど古くはない） p.119

66 on the internet インターネットで

よく出る We can get a lot of information **on the internet**.

（私たちは**インターネットで**たくさんの情報を得ることができます。）

この on は手段や方法を表して，「～で，～によって」という意味。
Internet と大文字で書き始めることもある。

関連 on TV （テレビで） p.59

on the phone （電話で） p.115

67

what to do

何をしたらよいか

よく出る Please tell me **what to do** next.

（次に**何をしたらよいか**私に教えてください。）

to のあとは**動詞の原形**が続く。

丸暗記 **I didn't know what to say.**

（私は何を言ったらよいかわかりませんでした。）

▶ Have you decided **where to go**?

（あなたは**どこへ行くか**決めましたか。）

what のほかに，where や when も同じ形で使われる。
where to go →「**どこに**行ったら**よいか**」
when to go →「**いつ**行ったら**よいか**」

関連 how to ～ （～のしかた，～する方法） ▶▶ p.17

68

tell me to ～

私に～するように言う

よく出る My mother always **tells me to** clean my room.

（母はいつも**私に**部屋をそうじ**するように言います**。）

tell のあとには**「人」**を表す語句，**to のあと**には**動詞の原形**がくる。

▶ Shall I **tell him to** call you back?

（**彼に**あなたへ電話をかけ直す**ように言い**ましょうか。）

「人」を表す語が代名詞のときは，**目的格**の形を使う。

注意 Our teacher **told us to come** here.

（先生は**私たちに**ここへ**来るように言いました**。）

Our teacher **said to us, "Come** here."（先生は**私たちに**「ここへ**来なさい**」**と言いました**。）と書きかえることもできる。

#69

take care of ～

～の世話をする

 I need to **take care of** my sister today.

（私は今日，妹**の世話をする**必要があります。）

care は，「世話，注意」という意味。

丸暗記 **Please take care of yourself.**

（**どうぞお体に気をつけてください。**）

take care of yourself で**「体に気をつけて，お大事に」**という意味になる。

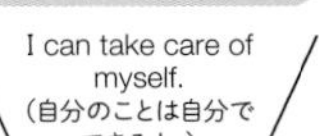

I can take care of myself.
（自分のことは自分でできるよ。）

丸暗記 **Take care.**

（**元気でね。**）

Take care. は，別れるときのあいさつとして使われる。**「気をつけてね。」「元気でね。」**という意味。

関連 look after ～　（～の世話をする）

#70

come from ～

～の出身である，～に由来する

よく出る My father **comes from** Sendai.

（私の父は仙台**の出身です**。）

「～の出身である」という意味で使う場合，ふつう**現在形**で表す。be from を使って，My father **is from** Sendai. ということもできる。

▶ Where do you **come from**?

（あなたはどちら**の出身です**か。）

▶ Her name **comes from** a famous person.

（彼女の名前は有名人**に由来しています**。）

「～に由来する」という意味でも使われる。

#71 for the first time

初めて

よく出る I tried sushi **for the first time** when I visited Japan.

（私は日本を訪れたときに，**初めて**すしを食べてみました。）

#72 for a long time

長い間

よく出る Mr. Brown has lived in Japan **for a long time**.

（ブラウンさんは日本に**長い間**住んでいます。）

現在完了形の継続の文（ずっと～している）でよく使われる。

丸暗記 **I haven't seen you for a long time.**

（お久しぶりです。／長い間お会いしていませんでしたね。）

It's been a long time. も「久しぶりですね。」という意味を表す。

関連 for a short time　（少しの間）

#73 I'm sure that ～.

きっと～と思う。

よく出る **I'm sure that** you will have a good time.

（**きっと**楽しい時間を過ごせるだろう**と思います**。）

この sure は**「確信して」**という意味。また，that は**省略**することもできる。

▶ Do you know what this is?

― **I'm not sure.**

（これが何だか知っていますか。― **よくわかりません。**）

I'm not sure. は「私は確信はありません。」→**「わかりません。，知りません。」**という意味。

74 What time ～? 何時に～

よく出る **What time** does Sarah usually come home**?**

— At about six.

(サラはふだん**何時に**帰宅しますか。— 6 時ごろです。)

時刻をたずねるときに使う。
「～時(…分)に」のように，時刻を答えるときには，**at** ～を使う。

丸暗記 **What time is it?**

— It's ten twenty.

(**何時ですか。** — 10 時 20 分です。)

現在の時刻をたずねる表現。
It's ～. の形で時刻を答える。

What time のあとは
疑問文の語順が
続くよ。

丸暗記 **What time shall we meet?**

(**何時に会いましょうか。**)

75 get to ～ ～に着く

よく出る My grandfather will **get to** the airport at noon.

(私の祖父は正午に空港**に着く**でしょう。)

to のあとには**場所を表す語句**がくる。

丸暗記 **How can I get to the station?**

(**駅へはどうやって行けますか。**)

▶ When I **got there**, Mike was playing soccer.

(私が**そこに着いた**とき，マイクはサッカーをしていました。)

there(そこに)，here(ここに)，home(家に)などが続くとき，to は不要。

関連 arrive at ～ / arrive in ～　(～に着く) ▶▶ p.60

76 from A to B　AからBまで

よく出る That shop is open **from** Monday **to** Saturday.
（あの店は月曜日**から**土曜日**まで**営業しています。）

▶ How far is it **from here to the station**?
（**ここから駅まで**はどのくらい離れていますか。）

A, B には，**時**を表す語句のほか，**場所**を表す語句もくる。

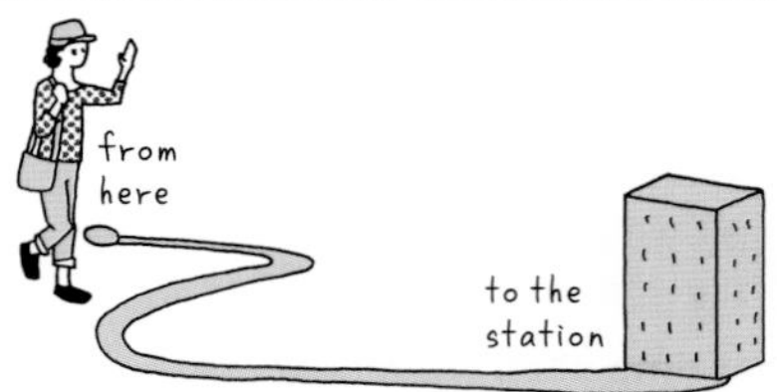

77 way of ～　～のしかた，～する方法

よく出る You should change your **way of thinking**.
（あなたは**考え方**を変えるべきです。）

of のあとに動詞が続くときは，**ing 形**にする。

▶ I had to find **a new way of life**.
（私は**新しい生き方**を見つけなければなりませんでした。）

way の前に new などの形容詞がつくこともある。
a **good** way of ～ →「～する**よい**方法」
a **different** way of ～→「～する**違った**方法」

関連 how to ～　（～のしかた，～する方法）▶▶ p.17
the way to ～　（～へ行く道，～する方法）▶▶ p.79

78 May I ～?

～してもいいですか。

よく出る **May I** ask you a question**?**

（質問し**てもいいですか**。）

Can I ～? よりもていねいな言い方。

「いいですよ。」と応じるときは，Sure. や Certainly. などを使うよ。

丸暗記 **May I help you?**

（**何かおさがしですか。/ いらっしゃいませ。**）

店員が客に声をかけるときの決まった言い方。p.88

丸暗記 **May I speak to Tom, please?**

（[電話で] **トムをお願いします。**）

電話で相手を呼び出してもらうときの決まった言い方。p.106

関連 Can I ～?　（～してもいいですか。）p.28

79 all over ～

～中（じゅう）で，
～のいたるところで

よく出る Sushi is eaten **all over** the world.

（すしは世界**中で**食べられています。）

国など，場所を表す語句が続く。over は「～の上に，～をおおって」などの意味。

▶ This kind of flower can be seen **all over Japan**.

（この種類の花は**日本のいたるところで**見られます。）

次のような語句と使われることもある。
all over the country →「国中で，全国で」
all over the city →「市内で，市のいたるところで」

関連 around the world　（世界中で）p.38

基本レベル　標準レベル　高得点レベル　超ハイレベル

#80 in the afternoon　午後に

よく出る **In the afternoon**, we visited an old temple.
(**午後に**私たちは古いお寺を訪れました。)

in the afternoon は文の最初にも最後にもおくことができる。

▶ This museum is open from 9:00 in the morning to 5:30 **in the afternoon**.
(この博物館は午前 9 時から**午後** 5 時 30 分まで開いています。)

難関 What did she do **on the afternoon** of the first day?
(彼女は最初の日の**午後に**何をしましたか。)

特定の日の「午後に」というときは，in ではなく **on** を使う。× in the afternoon of the first day とはふつういわない。

関連 in the morning　(朝に，午前中に) p.37
in the evening　(夕方に，晩に) p.105

#81 part of ～　～の一部

よく出る **Part of** the building was made of stone.
(その建物**の一部**は石で作られていました。)

▶ Playing tennis is **a part of** my life.
(テニスをすることは私の生活**の一部**です。)

part の前に a をつけることもある。

▶ Kagoshima is in **the southern part of** Kyushu.
(鹿児島は九州**の南部**にあります。)

part は**「地域，区分」**という意味で使われることもある。

\# 82

take me to ～ 私を～に連れていく

My uncle **took me to** a nice restaurant last night.
（おじは昨夜，**私を**すてきなレストラン**に連れていってくれました。**）

この take は**「連れていく」**という意味。
to のあとは場所を表す語句がくる。

took は take の
過去形だよ。

▶ Please **take these books to** your room.
（**これらの本を**あなたの部屋**に持っていって**ください。）

take のあとが「物」の場合は，**「(物)を～へ持っていく」**という意味になる。

注意 You can **take a bus to** the station.
（**バスに乗って**駅**へ行く**ことができます。）

take のあとに「乗り物」がくることもある。「(乗り物)に乗って～へ行く」という意味になる。

\# 83

wait for ～ ～を待つ

You don't have to **wait for** them.
（あなたは彼ら**を待つ**必要はありません。）

▶ **I'm waiting for the bus**.
（私は**バスを待っています。**）

for のあとに，バス・電車などの「乗り物」がくることもある。

難関 Becky **was waiting for me to open** the door.
（ベッキーは**私が**ドアを**開けるのを待っていました。**）

wait for ～ のあとに**〈to ＋動詞の原形〉**が続くと，**「～が…するのを待つ」**という意味になる。

84 at first

最初は

よく出る **At first**, I didn't understand what he said.

（**最初は**，私は彼が何を言ったか理解できませんでした。）

「最初は」というとき，first の前に the はつけない。

▶ I didn't speak English well **at first**.

（**最初は**，私は英語がじょうずに話せませんでした。）

文の最初だけではなく，最後におくこともある。

関連 at last　（ついに，とうとう）▶▶ p.120

85 get up

起きる

よく出る I usually **get up** at six.

（私はふだん 6 時に**起きます**。）

get up　→横になっている状態から**起き上がる動作**を表す。
wake up →「目を覚ます」ことを表す。

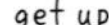

get up

wake up

丸暗記 **What time did you get up this morning?**

— I got up at five.

（**あなたは今朝，何時に起きましたか。**— 私は 5 時に起きました。）

関連 go to bed　（寝る，ベッドに入る）▶▶ p.69

wake up　（目を覚ます）▶▶ p.102

#86

How much ～?

～はいくら

よく出る **How much is it?**

— It's fifty dollars.

（**いくらですか。** — 50ドルです。）

値段をたずねるときに使われると，**「～はいくらですか」**という意味になる。

▶ **How much does it cost** to make a rocket**?**

（ロケットを作るには**どのくらい費用がかかりますか。**）

この cost は動詞で，**「(費用)がかかる」**という意味。

注意 **How much water** do we use every day**?**

（私たちは毎日**どのくらいの水**を使っていますか。）

値段以外に，**数えられない名詞の量**をたずねるときにも使う。

関連 How many ～?　（いくつの～） ▶▶ p.35

#87

See you.

またね。

よく出る The next class is going to start soon.　I must go now.

— OK, **see you**.

（次の授業がまもなく始まる。私はもう行かなくちゃ。— わかった，**またね。**）

別れるときのあいさつとして使われる。

注意 **See you then.**　Bye.

（**じゃあそのときに。** さようなら。）

See you then. のように，あとに語句が続くこともある。
See you tomorrow.（じゃあまた明日。）
See you soon.（近いうちに会いましょう。）
See you later.（じゃあまたあとで。） ▶▶ p.141
See you on Monday.（月曜日に会いましょう。）

#88

Why don't you ～?

～しませんか。,
～してはどうですか。

よく出る **Why don't you** come with me**?**
（私といっしょに来**ませんか**。）

相手を**誘う**ときや，何かを**提案する**ときに使われる。

▶ **Why don't you** try something new**?**
（何か新しいことに挑戦**してはどうですか**。）

注意 **Why don't we** go swimming in the sea**?**
（**いっしょに**海に泳ぎに行き**ませんか**。）

Why don't we ～? は**「(いっしょに)～しませんか。」**という意味で，相手を誘うときに使われる。▶▶ p.95

関連 How about ～?　（～はどうですか。）▶▶ p.18

#89

do my best

全力をつくす

よく出る I'll **do my best**.
（私は**全力をつくします**。）

過去の文のとき→ I did my best.（私は全力をつくしました。）

▶ Ken always **does his best** on his English tests.
（健は英語のテストでいつも**全力をつくします**。）

best の前の語は主語によって変わる。
you のとき → do your best　　**we** のとき → do our best
he のとき → do his best　　**she** のとき → do her best

注意 It's important for me to **try my best**.
（**全力をつくす**ことは私には大切です。）

try my **best** も，ほぼ同じ意味で使われる。

90 out of ～ ～から（外へ）

よく出る **He took his smartphone out of his pocket.**
（彼はポケット**から**スマートフォンを取り出しました。）

▶ I made a bag **out of** an old kimono.
（私は古い着物**から**かばんを作りました。）

▶ Emma got **out of** her car.
（エマは車**から**降りました。）

91 so beautiful that ～ とても美しいので～

よく出る The flowers were **so beautiful that** we took a lot of pictures.
（花は**とても美しかったので**私たちは写真をたくさん撮りました。）

〈so 形容詞・副詞 that ～〉で「とても…なので～」という意味。このthat は接続詞で省略されることもある。

▶ It rained **so hard that** we decided to wait at the station.
（雨が**とても激しく**降っていた**ので**私たちは駅で待つことにしました。）

注意 I was **so nervous that** I **couldn't** speak.
（私は**とても緊張していたので**，話せ**ませんでした**。）

〈so 形容詞・副詞 that ― can't ～〉で「とても…なので―は～できない」という意味。too ... to ～（…すぎて～できない）を使って，I was too nervous to speak. と書きかえられる。▶▶ p.68

92 this morning 今朝

よく出る I got an e-mail from Mr. Smith **this morning**.
（私は**今朝**，スミス先生からメールを受け取りました。）

この this は，「今日の，現在の」という意味。
前に前置詞はつけず，× in this morning などとはいわない。

▶ You don't look well **this morning**.
（あなたは**今朝は**具合が悪そうですね。）

過去の文だけではなく，現在や未来の文でも使われる。

注意 What are you going to do **this afternoon**?
（あなたは**今日の午後**，何をする予定ですか。）

this afternoon →「今日の午後」
this evening →「今日の夕方，今晩」
ただし，「今夜」は，× this night ではなく，**tonight** を使う。

関連 this weekend （今週末）▶▶ p.64

93 be born 生まれる

よく出る She **was born** on May 20, 2020.
（彼女は 2020 年 5 月 20 日に**生まれました**。）

was born，were born の形で，過去の文で使うことが多い。

▶ Where **were** you **born**?
— I **was born in** Nagoya.
（あなたはどこで**生まれました**か。— 私は名古屋**で生まれました**。）

生まれた**「月」「年」「場所」**をいうとき→ in を使う。
生まれた**「日付」**をいうとき→ on を使う。

94 Could you ～?

～していただけますか。

よく出る **Could you** say that again**?**

（それをもう一度言っ**ていただけますか。**）

相手に**ていねいに依頼**するときの言い方。

丸暗記 **Could you tell me how to get to the station?**

（**駅への行き方を教えていただけますか。**）

道案内の場面で使われる表現。

丸暗記 **Could you show me another?**

（**別のものを見せていただけますか。**）

買い物の場面で使われる表現。別の商品を見たいときに客が店員にいう言葉。

関連 Can you ～?　（～してくれますか。） p.22

Will you ～?　（～してくれますか。） p.34

Would you ～?　（～していただけますか。）

95 most of ～

～のほとんど，
～の大部分

よく出る **Most of** the students in my class are interested in sports.

（私のクラスの生徒**のほとんど**はスポーツに興味があります。）

注意 **Most of the money was** used by John.

（**そのお金の大部分**はジョンに使われ**ました。**）

of のあとが**複数名詞**のとき　　　　　→ **複数扱い**になる。
of のあとが**数えられない名詞**のとき → **単数扱い**になる。

関連 some of ～　（～のいくつか，～のいくらか） p.29

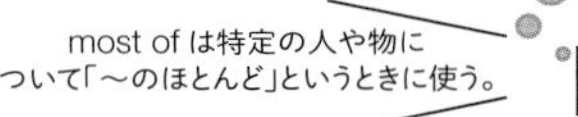

most of は特定の人や物に
ついて「～のほとんど」というときに使う。

基本レベル
標準レベル
高得点レベル
超ハイレベル

#96 many times

何回も

よく出る I've read this book **many times**.

(私はこの本を**何回も**読んだことがあります。)

この times は「～回，～度」という意味だよ。

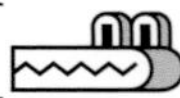

#97 agree with ～

～に同意する

よく出る I **agree with** you.

(私はあなたの意見**に同意します**。)

注意 Do you **agree with her opinion**?

(あなたは**彼女の意見に賛成です**か。)

with のあとは「人」だけでなく，**計画や提案**がくることもある。

「反対する」は，disagree を使うよ。

#98 go back to ～

～へ戻る，
～へ帰っていく

よく出る At first, I wanted to **go back to** Japan.

(最初は，私は日本**へ戻り**たいと思っていました。)

▶ I have to **go back home** soon.

(私はもうすぐ**家に戻ら**なければなりません。)

× go back to home とするのは間違い。
home(家に)，there(そこに)などが続くときは，to は不要。

関連 return (動 戻る，～を戻す)

come back to ～ (～へ帰ってくる，～へ戻る)

#99

on TV

テレビで

よく出る I like watching soccer games **on TV**.

(私は**テレビで**サッカーの試合を見るのが好きです。)

#100

according to ～

～によれば

よく出る **According to** the newspaper, more young people are interested in politics.

(新聞**によれば**，政治に関心をもつ若者は増えています。)

to のあとには，the newspaper(新聞)などの名詞が続く。
according to the article →「記事によれば」
according to the survey →「調査によれば」
according to experts →「専門家によれば」

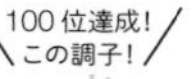
100 位達成!
この調子!

#101

Here is ～. Here are ～.

これが～です。，ここに～があります。

よく出る **Here is** a map of our town.

(**これが**私たちの町の地図**です。**)

注意 **Here are** some examples.

(**ここに**いくつかの例**があります。**)

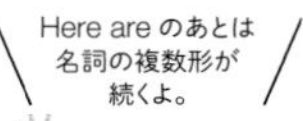
Here are のあとは
名詞の複数形が
続くよ。

丸暗記 **Here's your change**.

(**はい，お釣りです。**)

Here's は Here is の短縮形。「はい，～です。」と相手に物を差し出すときにも使われる。

関連 Here you are.　(はい，どうぞ。) ▶▶ p.87

102 at that time

そのとき，当時

よく出る Jane was in her room **at that time**.

（ジェーンは**そのとき**自分の部屋にいました。）

▶ **At that time**, there wasn't such a small computer.

（**当時**，そんなに小さいコンピューターはありませんでした。）

文の最後だけでなく，最初におくこともある。

関連 then （副 そのとき，それから）

103 arrive at ～ / arrive in ～

～に着く

よく出る When I **arrived at** the station, it started to rain.

（私が駅**に着く**と，雨が降り始めました。）

注意 Nick **arrived in** Tokyo on Sunday evening.

（ニックは日曜日の晩に東京**に着きました**。）

あとに続く場所によって，at と in を使い分ける。
at →ふつう，施設や建物などの**比較的狭い地点**が続く。
in →ふつう，国，都市などの**比較的広い範囲**が続く。

関連 get to ～ （～に着く） ▶▶ p.47

\# 104

have a good time　楽しい時を過ごす

よく出る Did you **have a good time** there?
（あなたはそこで**楽しい時を過ごし**ましたか。）

have a 〜 time で**「〜な時を過ごす」**という意味。

注意 We **had a great time** in America.
（私たちはアメリカで**すばらしい時を過ごしました。**）

good のほか，great，very good，wonderful などを使うこともある。
どれも「すばらしい，すてきな」という意味。

注意 She **had a hard time**, but she kept trying.
（彼女は**苦労しました**が，努力し続けました。）

have a hard time で**「つらい目にあう，苦労する」**という意味。
have a difficult time もほぼ同じ意味で使われる。

\# 105

look like 〜　〜のように見える，〜に似ている

よく出る Your house **looks like** a castle.
（あなたの家はお城**のように見えます。**）

この **like** は**「〜のように，〜に似ている」**という意味。名詞や代名詞が続く。

▶ Ben **looks like** his father.
（ベンは彼の父親**に似ています。**）

丸暗記 **What does it look like?**
（**それはどんなふうに見えますか。**）

難関 She **looked like** she got an idea.
（彼女はアイデアが思い浮かんだ**ようでした。**）

like のあとに〈主語＋動詞 〜〉が続くこともある。

106 be good at ～

～が得意だ，
～がじょうずだ

よく出る **I'm good at** English.
（私は英語**が得意です。**）

注意 My mother **is good at playing** tennis.
（私の母はテニスを**するのがじょうずです。**）

あとに動詞がくるときは，**ing 形**にする。
My mother can play tennis well. と書きかえることもできる。

▶ I **was poor at** communicating with people.
（私は人とコミュニケーションをとるの**が不得意でした。**）

be poor at ～は「～が不得意だ，～がへただ」という意味。

107 give up ～

～をあきらめる，
～をやめる

よく出る Tom never **gave up** his dream.
（トムは自分の夢を決して**あきらめ**ませんでした。）

丸暗記 **Don't give up! / Never give up!**
（あきらめないで！）

励ましたり，元気づけたりするときに使われる。
give up のあとに目的語がこない場合もある。

▶ Judy **gave up playing** tennis.
（ジュディーはテニスを**することをあきらめました。**）

あとに動詞がくるときは，**ing 形**にする。

注意 She enjoyed her job and didn't want to **give it up**.
（彼女は仕事を楽しんでいて，**それをやめ**たくありませんでした。）

目的語が it などの代名詞のときは，**〈give ＋代名詞＋ up〉**の語順になる。

108

go home　帰宅する

Do you have to **go home** now?
（あなたはもう**帰宅し**なければなりませんか。）

×go to home とするのは間違い。home の前に to は不要。

▶ When I **got home**, my sister was playing video games.
（私が**帰宅した**とき，姉はテレビゲームをしていました。）

▶ My father usually **comes home** at about eight.
（私の父はたいてい８時ごろ**帰宅します**。）

go home　→家に向かうこと。
get home　→家に到着すること。 p.89
come home →家に帰ってくること。

leave home　（家を出る）

109

not only A but also B　A だけでなく B も

Ken speaks **not only** English **but also** Spanish.
（健は英語**だけでなく**スペイン語**も**話します。）

as well as を使って書きかえられることもある。 p.117
Ken speaks Spanish **as well as** English.

▶ This project is friendly **not only** to people **but** to the earth.
（このプロジェクトは人**だけでなく**地球**にも**やさしいです。）

also は省略されることもある。

注意 **Not only** Lisa **but also** I **was** at the party.
（リサ**だけでなく**私**も**パーティーに**いました**。）

not only A but also B が主語の場合，動詞の形は B にくる語に合わせる。

#110 That's nice.

(それは) いいですね。

よく出る I had a good time last weekend. — **That's nice.**
(私は先週末，楽しい時を過ごしました。— **いいですね。**)

相手の発言を聞いて，「いいですね。」「すてきですね。」とあいづちを打つときに使う。

関連 Sounds good. (よさそうですね。) ▶▶ p.79

#111 this weekend

今週末

よく出る Do you have any plans for **this weekend**?
(あなたは**今週末**，何か予定はありますか。)

丸暗記 **What are you going to do this weekend?**
(あなたは今週末，何をする予定ですか。)

#112 every year

毎年

よく出る Our school has a speech contest in July **every year**.
(私たちの学校は**毎年** 7 月にスピーチコンテストがあります。)

このevery は「毎～，～ごとに」という意味。次のような形でも使われる。
every day →「毎日」 ▶▶ p.19 **every month** →「毎月」
every week →「毎週」 **every weekend** →「毎週末」

▶ **Every year**, there are a lot of visitors to Kyoto.
(**毎年**，京都にはたくさんの観光客が来ます。)

文の最後だけでなく，文の最初におくこともできる。

高校入試ランク　113位▶213位

標準レベル

この章に収録されているのは，高校入試対策のためにはおさえておきたい標準レベルの熟語です。すべての受験生が，最低でもこの章の熟語まではマスターしておく必要があります。

#113

go out

外出する

よく出る **Why don't we go out for dinner tonight?**
（今晩，夕食を食べに**外出し**ませんか。）

▶ Mr. Brown stood up and **went out of** the room.
（ブラウンさんは立ち上がり，部屋**から出ていきました。**）

「(場所)から出ていく」というときは，**go out of ～**を使う。

難関 The lights **went out** at ten yesterday.
（昨日，10 時に電気が**消えました。**）

明かりや火などが**「消える」**という意味もある。

関連 get out of ～　（～から降りる，～から外へ出る）p.144
get out　（外に出る）p.162

#114

Shall we ～?

～しましょうか。

よく出る **Shall we** go shopping together**?**
（いっしょに買い物に行き**ましょうか。**）

相手を**誘う**ときの表現。**Let's ～.(～しよう。)**とほぼ同じ意味。
Shall we ～?には次のように応じる。
Sure. / OK.(いいですよ。)，**Yes, let's.**(はい，そうしましょう。)

丸暗記 **When and where shall we meet?**
（いつ，どこで会いましょうか。）

難関 Let's eat lunch here, **shall we?**
（ここで昼食を食べ**ましょうか。**）

Let's ～. の文に付加疑問をつけるときは，shall we? を使う。

関連 Shall I ～?　（～しましょうか。）p.136

#115 between A and B　AとBの間に

 There are many differences **between** Japan **and** America.
（日本**と**アメリカ**の間には**，たくさんの違いがあります。）

between はふつう，2つの「間に」というときに使う。

▶ Who is the girl **between** you **and** your father?
（あなた**と**あなたのお父さん**の間に**いる女の子はだれですか。）

▶ My grandparents usually have dinner **between 6 p.m. and 7 p.m.**
（私の祖父母はたいてい**午後6時から午後7時の間に**夕食を食べます。）

AとBには，「場所」や「人」「物」だけではなく，「**時**」を表す語句もくる。

between A and B

関連 among　（前〈3つ以上〉の間に）

#116 at night　夜に

よく出る Some people can't sleep well **at night**.
（**夜に**よく眠れないという人もいます。）

night の前に the はつけない。× at the night とはいわない。

▶ Aya and I talked until **late at night**.
（亜矢と私は**夜遅く**まで話しました。）

late といっしょに使われることも多い。「夜遅く」という意味。

関連 in the morning　（朝に，午前中に）▶▶ p.37
in the afternoon　（午後に）▶▶ p.50
in the evening　（夕方に，晩に）▶▶ p.105

#117 by myself

1人で，独力で

よく出る I went shopping **by myself**.

（私は**1人で**買い物に行きました。）

alone を使って，I went shopping alone. と言いかえることもできる。

注意 You must find answers **by yourself**.

（あなたは**独力で**答えを見つけなければなりません。）

主語が you（単数）のとき→ by **yourself**
主語が 1 人の男性のとき→ by **himself**
主語が 1 人の女性のとき→ by **herself**

▶ I made lunch **for myself**.

（私は**自分のために**昼食を作りました。）

for myself は**「自分のために，自分自身で」**という意味。▶▶ p.113

#118 too busy to ～

忙しすぎて～できない

よく出る Lisa is **too busy to** come to the party.

（リサは**忙しすぎて**パーティーに来ることが**できません。**）

▶ Nick got **too** nervous **to** talk to them.

（ニックは緊張し**すぎて**彼らに話しかける**ことができません**でした。）

too と to の間には形容詞が入る。

注意 This book is **too** difficult **for me to** understand.

（この本は難し**すぎて私には**理解する**ことができません。**）

〈for＋人〉が間に入ることもある。to ～の動作をする人を表す。
また，**so ... that − can't** ～を使って書きかえることもできる。
「とても…なので−は～できない」という意味。▶▶ p.55
This book is **so** difficult **that** I **can't** understand it.

#119

go to bed

寝る，ベッドに入る

You should **go to bed** now.
（あなたはもう**寝る**べきです。）

寝るためにベッドに入って横になることを表す。

丸暗記 **What time did you go to bed last night?**
（あなたは昨夜，何時に寝ましたか。）

▶ Jane **went to sleep** without doing her homework.
（ジェーンは宿題をしないで**眠りました**。）

ベッドに入る入らないに関係なく**「眠る，寝入る」**ことをいうときは **go to sleep**，**fall asleep** を使う。

関連 get up （起きる） p.52

#120

a member of ～

～の一員

I'm **a member of** the soccer team.
（私はサッカー部**の一員**です。）

次のように言いかえることもできる。
I'm on the soccer team.（私はサッカー部**に入っています。**）
I belong **to** the soccer team.（私はサッカー部**に所属しています。**） p.117

▶ Are you **a member of the English club**?
（あなたは**英語部の一員**ですか。）

ふつう，文化系の部活は **club**，競技系の部活は **team** を使う。

注意 **They** are **members of** a volunteer group.
（**彼らは**ボランティアグループ**のメンバー**です。）

主語が複数のときは，member**s** とする。

#121

do my homework　宿題をする

よく出る I'm going to **do my homework** in the library.
（私は図書館で**宿題をする**つもりです。）

注意 Did you **do your English homework**?
（あなたは**英語の宿題をしましたか**。）

教科を示すときは，homework の前に教科名を入れる。

#122

hear about ～　～について聞く

よく出る I'm glad to **hear about** your dream.
（私はあなたの夢**について聞く**ことができてうれしいです。）

丸暗記 **Have you ever heard about the SDGs?**
（あなたは SDGs について聞いたことがありますか。）

関連 hear of ～　（～のことを聞く，～のうわさを聞く） p.101
hear from ～　（～から連絡がある） p.162

#123

throw away ～　～を捨てる

よく出る We should not **throw away** plastic bottles.
（私たちはペットボトル**を捨てる**べきではありません。）

▶ Please think carefully before you **throw it away**.
（**それを捨てる**前によく考えてください。）

語順に注意。× throw away it としないこと。

124 You're welcome. どういたしまして。

よく出る Thank you very much.

— **You're welcome.**

（どうもありがとうございました。— **どういたしまして。**）

「ありがとう」など，お礼を言われたときに使う決まった表現。

▶ Thank you for your help.

— **Not at all.**

（手伝ってくれてありがとう。

— **どういたしまして。**）

Not at all. / **No problem.** / **That's all right.** / **My pleasure.** も同じように使われる。

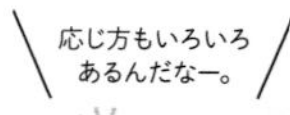

125 I hope that ～. ～だといいと思う。

よく出る **I hope that** you'll have a good time here.

（あなたがここで楽しい時を過ごせる**といいと思います。**）

望ましいことについて「～と思う」というときに使う。that のあとは〈主語＋動詞 ～〉の形がくる。この that は接続詞で，よく**省略**される。

丸暗記 **I hope you like it.**

（**気に入ってもらえるといいのですが。**）

▶ Will it be sunny tomorrow? — **I hope so.**

（明日は晴れるでしょうか。— **そうだといいですね。**）

I hope so. は，相手の発言に対して「そうなることを望んでいる」というときに使うあいづち。

関連 I'm afraid that ～.　（〈残念ながら〉～ではないかと思う。）▶▶ p.128

126 next to ～　～のとなりに

よく出る I sat **next to** Jane.
（私はジェーン**のとなりに**すわりました。）

▶ The shop **next to** the bank is a bookstore.
（銀行**のとなりにある**店は書店です。）

127 a kind of ～　一種の～

よく出る Kira is **a kind of** traditional costume in Bhutan.
（キラはブータンの**一種の**伝統的な衣装です。）

この kind は**「種類」**という意味。

関連 many kinds of ～　（いろいろな種類の～） ▶▶ p.42

128 What kind of ～?　どんな種類の～

よく出る **What kind of** food do you like**?** — I like Chinese food.
（あなたは**どんな種類の**食べ物が好きですか。
— 私は中国料理が好きです。）

この kind は**「種類」**という意味。

▶ **What kind of books** do you usually read**?**
（あなたはふだん**どんな種類の本**を読みますか。）

あとには数えられない名詞だけでなく，数えられる名詞も続く。

\# 129

have been to ～

～へ行ったことがある

よく出る **Mike has been to China three times.**

（マイクは３回，中国**へ行ったことがあります。**）

主語が **3 人称単数**のとき→ has been to ～

丸暗記 **Have you ever been to Kyoto?**

— Yes, I have.

（**あなたは京都へ行ったことがありますか。**

— はい，あります。）

現在完了形の
「経験」を表す
文だね。

ever は「いままでに」という意味。

丸暗記 **She has never been to Japan.**

（**彼女は日本へ１度も行ったことがありません。**）

never は「1 度も～ない」という意味で，not よりも強い否定を表す。

\# 130

make a mistake

間違える

よく出る I **made a mistake** on the test.

（私はテストで**間違えました。**）

× do a mistake とはいわない。make を使う。

▶ When you speak English, don't worry about **making mistakes**.

（英語を話すとき，**間違えること**を心配しないで。）

mistake**s** と複数形で使われる場合もある。

間違いは
成功のもと。

\# 131

look forward to ～

～を楽しみに待つ

よく出る My mother is **looking forward to** your e-mail.

（私の母はあなたからのメール**を楽しみに待っ**ています。）

進行形の文で使われることが多い。

▶ I'm **looking forward to going** to the concert.

（私はそのコンサートへ**行くのを楽しみにし**ています。）

to のあとに動詞がくるときは，**ing 形**にする。
× looking forward to go ～とするのは間違い。

丸暗記 **I'm looking forward to seeing you.**

（あなたにお会いできるのを楽しみにしています。）

\# 132

walk to ～

～へ歩いていく

よく出る I **walk to** school every morning.

（私は毎朝，学校**へ歩いていきます**。）

on foot（徒歩で）を使って，次のように言いかえることもできる。
I go to school **on foot** every morning.

注意 Bob **walked toward** me and said, "Welcome to my house."

（ボブは私**のところへ歩いてきて**，「ようこそわが家へ。」と言いました。）

「人」を表す語が続く場合，to ではなく，**toward** を使うことが多い。

▶ Tina got off the bus and **ran to** school.

（ティナはバスを降りて，学校**へ走っていきました**。）

run to ～なら「～へ走っていく」という意味になる。

関連 on foot （徒歩で） ▶▶ p.164

\# 133

make friends　友達になる

よく出る **I think we can make friends through sports.**

（私たちはスポーツを通じて**友達になる**ことができると思います。）

× friend ではなく，friend**s** と複数形にすることに注意。

▶ My parents told me to go out and **make friends**.

（両親は私に外に出て**友達を作る**ように言いました。）

「友達を作る」という意味でも使う。

▶ We **became friends** by talking about our hobbies.

（私たちは趣味について話して**友達になりました**。）

become friends も同じ意味で使われる。

関連 make friends with ～　（～と友達になる） ▶▶ p.131

\# 134

be glad to ～　～してうれしい

よく出る **I'm glad to** meet you.

（私はあなたに会え**てうれしい**です。）

to のあとは**動詞の原形**が続く。

丸暗記 **I'm glad to hear that.**

（私はそれを聞いてうれしいです。）

▶ I **was happy to** know that you liked it.

（私はあなたがそれを気に入ってくれたと知っ**てうれしかった**です。）

be happy to ～もほぼ同じ意味を表す。
過去の文の場合，主語が I や 3 人称単数なら was happy[glad] to ～，
主語が you や複数なら were happy[glad] to ～となる。

関連 be sorry to ～　（～してすまないと思う）

#135 some ～, other(s) ...

～もいれば，…もいる

よく出る In the library, **some** people read books, and **other** people study.

（図書館では，本を読む人**もいれば**，勉強をする人**もいます**。）

▶ **Some** of the rooms are used.　**Others** are not.

（使われている部屋**もあれば**，そうではないもの**もあります**。）

Some ～.　Others …. の形で使われることもある。上の例文では，Others は Other rooms のこと。

関連 one ～, the other ...　（一方は～，もう一方は…）p.95

#136 All right.

いいですよ。

よく出る Can you open the door? — **All right.**

（ドアを開けてくれますか。— **いいですよ。**）

「わかりました。」「よろしい。」という意味で，**依頼に応じるときの返事**として使われる。

▶ You look tired.　Are you **all right**?

（あなたは疲れているように見えます。**大丈夫**ですか。）

「大丈夫で」「元気な」という意味もある。

注意 I'm sorry I'm late. — **That's all right.**

（遅れてごめんなさい。— **構いませんよ。**）

That's all right. は，**「構いませんよ。」「問題ありませんよ。」**という意味。I'm sorry.（ごめんなさい。）や Thank you.（ありがとう。）に応じるときに使われる。

関連 OK.　（いいよ。）

#137

go on

続く

よく出る This environmental problem has been **going on** for a long time.

（この環境問題は長い間，**続いて**います。）

▶ At last, the workers **went on** strike.

（ついに，労働者たちはストライキ**を始めました**。）

「～を始める，～をする」や「(時が)過ぎる」という意味もある。

#138

move to ～

～に引っ越す

よく出る When did Sally **move to** Japan?

（サリーはいつ日本**に引っ越し**ましたか。）

to のあとには**場所**を表す語句がくる。

#139

both A and B

A も B も両方とも

よく出る He speaks **both** Japanese **and** English well.

（彼は日本語**も**英語**も**じょうずに話します。）

both は「両方(の)」という意味。

注意 **Both Judy and I are** good at soccer.

（**ジュディーも私も 2 人とも**サッカーが得意です。）

主語は Judy and I で複数なので，be 動詞は are となる。
直前の I につられて，× Both Judy and I am ～としないこと。

関連 both of ～ （～の両方とも） ▶▶ p.94

140 thanks to ～ 　～のおかげで

よく出る **Thanks to** you, I won first prize.
（あなた**のおかげで**，私は優勝しました。）

▶ My life in Canada was lots of fun **thanks to** my friends.
（私のカナダでの生活は友達**のおかげで**とても楽しかったです。）

文の最初だけではなく，文の途中にくることもある。

▶ **Thanks to** the internet, we can get a lot of information easily.
（インターネット**のおかげで**，私たちは多くの情報を簡単に入手できます。）

Thanks to のあとは「人」だけではなく，「物」もくる。

関連 because of ～　（～のために） ▶▶ p.38

141 find out ～ 　～を知る，～だとわかる

よく出る I'm sure they will **find out** the truth.
（彼らはきっと真実**を知る**でしょう。）

▶ Ann **found out that he was** a police officer.
（アンは**彼が**警官**だとわかりました。**）

あとに**〈that 主語＋動詞 ～〉の形が続く**こともある。
この that は接続詞で，**省略**されることもある。

注意 Let's **find out** where this fruit comes from.
（この果物がどこから来たのか**調べ**ましょう。）

「調べる」という意味でも使われる。

調べた結果「わかる」というときだけでなく，偶然に「わかる」というときにも使うよ。

#142

Sounds good.

よさそうですね。

よく出る Let's go on a picnic. — **Sounds good.**

（ピクニックに行きましょう。— **よさそうですね。**）

相手の提案などを聞いて，**同意**を示すときに使われる。
That sounds good. の That を省略している。会話ではよく省略される。

#143

no one

だれも～ない，
１人も～ない

よく出る **No one** could answer the question.

（**だれも**その問題に答えることができ**ませんでした。**）

注意 **No one knows** where the restaurant is.

（そのレストランがどこにあるか**だれも知りません。**）

現在の文のとき，動詞は**３人称単数・現在形**にする。
× No one know ～. としないこと。

#144

the way to ～

～へ行く道，
～する方法

よく出る Could you tell me **the way to** the post office?

（郵便局**へ行く道**を教えていただけますか。）

注意 I'll show you **the easiest way to use** this machine.

（あなたにこの機械**のいちばん簡単な使い方**を教えましょう。）

場所を表す語句が続くとき →**「～へ行く道」**という意味。
動詞の原形が続くとき →**「～する方法」**という意味。

▶ What is **the best way to** learn English?

（英語を学ぶ**いちばんよい方法**は何ですか。）

145 by the way ところで

よく出る **By the way**, when are you going to leave Japan?
(**ところで**，あなたはいつ日本を発つ予定ですか。)

話の途中で**話題を変える**ときに使われる。

146 help me with ～ 私の～を手伝う

よく出る Can you **help me with** my homework?
(**私の**宿題**を手伝っ**てくれますか。)

help のあとには人を表す語句が続く。
× help my homework とするのは間違い。
また，Can you help me do my homework?としても同じ内容を表せる。

147 pick up ～ ～を拾い上げる，～を車で迎えにいく

よく出る Let's **pick up** trash on the streets.
(通りのごみ**を拾い**ましょう。)

pick trash up という語順でもよい。

▶ I found a plastic bottle under the bench and **picked it up**.
(私はベンチの下にペットボトルを見つけ，**それを拾いました**。)

目的語が it などの代名詞のときは，必ず pick **it** up という語順になる。

注意 Can you **pick me up** at the station?
(駅まで**私を車で迎えにきて**くれますか。)

「(人を)車で迎えにいく」という意味もある。

#148 this way　このように

よく出る We can save water **this way**.
（私たちは**このように**水を節約することができます。）

注意 He earned money **in this way** and payed for school.
（彼は**このように**お金をかせぎ，学費を払いました。）

in this way（このように）の形でも使われる。p.96

#149 work on ～　～に取り組む

よく出る We have **worked on** this question for a long time.
（私たちは長い間この問題**に取り組んで**います。）

▶ They are **working on** a new movie.
（彼らは新しい映画**に取り組んで**います。）

仕事などに「取り組む」，作品などを「制作する」という意味。

#150 come and see　会いに来る

よく出る Please **come and see** me if you have time.
（時間があれば，私に**会いに来て**ください。）

and のあとには**動詞**がくる。この see は「会う」という意味。

▶ Do you want to **come and enjoy** our concert?
（私たちのコンサートを**楽しみに来ま**せんか。）

▶ Mike **came to see** me every day.
（マイクは毎日，私に**会いに来ました**。）

〈come to ＋動詞〉も同じ意味で使われる。p.14

151 these days

このごろ，最近

よく出る **It's getting colder these days.**
（**このごろ**，だんだん寒くなってきています。）

▶ **These days**, Jim looks tired.
（**最近**，ジムは疲れているように見えます。）

these days は文の最初や最後におかれるよ。

関連 in those days （そのころは，当時は） ▶▶ p.160

152 Welcome to ～.

～へようこそ。

よく出る **Welcome to** our school.
（私たちの学校**へようこそ。**）

丸暗記 **Welcome to my house.**
（**私の家へようこそ。**）

人を自宅に招待したときにいうあいさつ。

153 be afraid of ～

～をこわがる，
～をおそれる

よく出る Why **are** you **afraid of** dogs?
（なぜあなたは犬**をこわがる**のですか。）

be は，主語と時（現在か過去か）によって使い分ける。

丸暗記 **Don't be afraid of making mistakes.**
（**間違えることをおそれてはいけません。**）

of のあとに**動詞の ing 形**がくることもある。
「～することをこわがる，～することをおそれる」という意味になる。

154

～ than before

以前よりも～

I decided to study Japanese history harder **than before**.
（私は**以前よりも**熱心に日本の歴史を勉強することに決めました。）

比較級の文で使われる。

▶ I think my English is better **than before**.
（私は英語が**以前よりも**うまくなったと思います。）

155

half of ～

～の半分

Half of the students were able to answer the question.
（生徒**の半分**がその質問に答えることができました。）

half of ＋単数名詞 → **単数**扱いになる。
half of ＋複数名詞 → **複数**扱いになる。

関連 all of ～　（～の全員，～の全部）

156

in fact

実は，実際は

Do you know about microplastics?　**In fact**, they are a big problem.
（マイクロプラスチックについて知っていますか。**実は**，それらは大きな問題です。）

前の文の内容を強調・訂正して，「実は，実際は」という意味で使われることが多い。

関連 actually　（副 実際には）

157

this time　今回は

よく出る I'm going to visit Nara **this time**.
（私は**今回は**奈良を訪れるつもりです。）

関連 last time　（前回は）　next time　（この次は）

158

a piece of ～　1枚の～，1切れの～

よく出る This box is made with **a piece of** paper.
（この箱は**1枚の**紙で作られています。）

「2枚の紙」なら，
two pieces of
paper となるよ。

数えられない名詞を数える場合に使う。
1つのアドバイス → **a piece of advice**
1つの情報 → **a piece of information**

難関 **It's a piece of cake.**
（**それは簡単なことだよ。**）

a piece of cake は「1切れのケーキ」という意味だが，会話では**「たやすいこと」「簡単なこと」「朝飯前」**という意味で使う。

159

at the end of ～　～の終わりに

よく出る **At the end of** class, I asked Ms. Brown a question.
（授業**の終わりに**，私はブラウン先生に質問をしました。）

難関 I entered the room **at the end of the hall**.
（私は**廊下の突き当たりの**部屋に入りました。）

of のあとには，**「時」**だけでなく，**「場所」**を表す語句もくる。

関連 at the beginning of ～　（～の初めに）

#160
go into ～
～に入る

よく出る This car can **go into** small spaces.
（この車は狭いところ**に入る**ことができます。）

▶ They **went into** the forest to get some food.
（彼らは食べ物を手に入れるために，森**に入っていきました**。）

関連 go out of ～　（～から出ていく）
come into ～　（～に入ってくる）

#161
over there
向こうに，あそこで

よく出る The girl standing **over there** is my cousin.
（**向こうに**立っている少女は私のいとこです。）

▶ Do you see that tall tree **over there**?
（**あそこにある**あの背の高い木が見えますか。）

関連 over here　（こちらに，こちらでは）▶▶ p.192

#162
up to ～
～まで

よく出る We can borrow **up to** three books at a time.
（私たちは一度に 3 冊**まで**本を借りられます。）

時間・距離・程度などを示して**「～まで」**というときに使う。

関連 up until ～　（～まで）▶▶ p.188

#163 at the same time
同時に

よく出る We started to run **at the same time**.
（私たちは**同時に**走り始めました。）

動作が**「同時に行われている」**ということを表す。

▶ He wants to learn about different cultures.
At the same time, he wants to introduce his culture to other countries.
（彼はいろいろな文化について学びたいと思っています。**それと同時に**，彼はほかの国に自分の文化を紹介したいと思っています。）

前の文の内容を受けて，**「それと同時に，しかしながら」**という意味で使われることもある。

ウインクすると同時に人生について考えてもいるんだ。

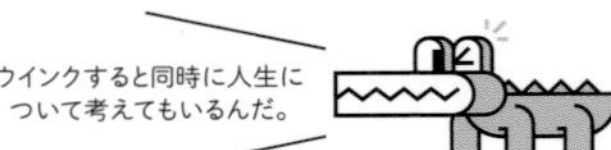

#164 No problem.
いいですよ。，大丈夫ですよ。

よく出る Can you carry these boxes?
— **No problem.**
（これらの箱を運んでくれますか。— **いいですよ。**）

依頼や許可に対して，「いいですよ。」「大丈夫ですよ。」と応じるときに使われる。

注意 Thank you for your help. — **No problem.**
（手伝ってくれてありがとう。— **どういたしまして。**）

お礼に対して「どういたしまして。」，おわびに対して「いいですよ。」と応じるときにも使われる。

関連 You're welcome. （どういたしまして。） ▶▶ p.71

165

be different from ～

～と異なる，～と違っている

よく出る Your idea **is different from** mine.
（あなたの考えは私の**と異なります。**）

難関 She **looked different from** usual.
（彼女はふだん**とは違って見えました。**）

be 動詞ではなく，**look** を使うと，**「～と違って見える」**という意味になる。

▶ My new smartphone **is the same as** yours.
（私の新しいスマートフォンはあなたのもの**と同じです。**）

be the same as ～で「～と同じである」という意味。

166

Here you are.

はい，どうぞ。

よく出る May I have some cookies?
— Sure.　**Here you are.**
（クッキーを食べてもいいですか。— いいですよ。**はい，どうぞ。**）

相手に**物を手渡す**ときに使われる。

▶ Have you seen my wallet? — Yes.　**Here it is.**
（私の財布を見ましたか。— ええ。**はい，どうぞ。**）

Here it is. も同じ意味で使われる。探し物をしている場面でよく使われる。

注意 **Here we are** at the top of the mountain.
（**さあ，**山頂に**着いたよ。**）

Here we are. は**「(目的地に)さあ，着いたよ。」**という意味。

関連 Here is ～. / Here are ～.
（これが～です。，ここに～があります。）▶▶ p.59
Here you go.　（はい，どうぞ。）

#167

lots of ～

たくさんの～

よく出る **There were lots of people at the party.**
（パーティーには**たくさんの**人がいました。）

▶ Lions eat **lots of meat** every day.
（ライオンは毎日，**たくさんの肉**を食べます。）

数えられる名詞の複数形だけでなく，数えられない名詞も続く。

#168

make a speech

スピーチをする

よく出る I'm going to **make a speech** at school next week.
（私は来週，学校で**スピーチをする**予定です。）

▶ Judy **made a speech about** her dream.
（ジュディーは自分の夢**についてスピーチをしました。**）

#169

May I help you?

何かおさがしですか。

よく出る **May I help you?** — Yes, please. I'm looking for a red skirt.
（**何かおさがしですか。/ いらっしゃいませ。**
— はい，お願いします。私は赤いスカートをさがしています。）

買い物の場面で使われる，店員が客にいう決まった表現。
Can I help you? も同じ意味だが，May I ～?のほうがよりていねい。 p.123

⚠注意 **May I help you?** — Oh, yes. I'm afraid I'm lost.
（**お手伝いしましょうか。** — はい。道に迷ってしまったようなのです。）

何か困っている様子の人に声をかけるときにも使われる。

170

instead of ～

～の代わりに

よく出る I joined the meeting **instead of** Eric.

（私はエリック**の代わりに**会議に参加しました。）

▶ I rode my bike **instead of taking** the bus.

（私はバスに**乗る代わりに**自分の自転車に乗って行きました。）

of のあとに動詞が続くときには **ing 形**にする。

171

with a smile

ほほえみながら

よく出る "Hello, everyone," Ms. Hill said **with a smile**.

（ヒル先生は**ほほえみながら**「こんにちは，みなさん」と言いました。）

172

get home

帰宅する

よく出る When I **got home** from school, my grandmother was watching TV.

（私が学校から**帰宅した**とき，祖母はテレビを見ていました。）

get home は「家に到着すること」を表す。
go home や **come home** も「帰宅する」という意味だが，**go home** は「家に向かうこと」，**come home** は「家に帰ってくること」を表す。

▶ I have to **get home** before six.

（私は 6 時前に**帰宅し**なければなりません。）

関連 go home （帰宅する） ▶▶ p.63

173 close to ～ ～に近い

よく出る My house is **close to** the library.
（私の家は図書館**に近い**です。）

× My house is close from the library. とするのは間違い。
I live **close to** the library.（私は図書館**の近くに**住んでいます。）と表すこともできる。

▶ They tried to **get close to** the movie star.
（彼らはその映画スター**に近づこう**としました。）

get close to ～で**「～に近づく，～に接近する」**という意味になる。

174 get off 降りる

よく出る Where should I **get off**?
（私はどこで**降りる**べきですか。）

▶ I **got out of the taxi** in front of the station.
（私は駅の前で**タクシーを降りました。**）

get off →**電車・バス・飛行機**などの乗り物から**「降りる」**。
get out of →**車やタクシー**など**「から降りる」**。

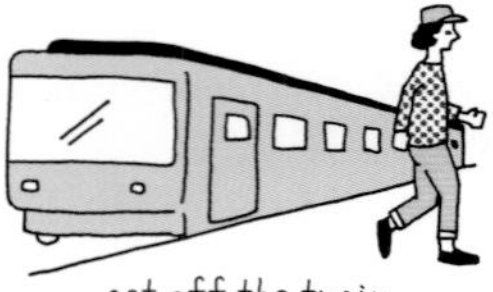

関連 get on ～ （〈バス・電車など〉に乗る） p.101
get out of ～ （〈車・タクシーなど〉から降りる） p.144

175

stay with ～

～の家に泊まる

よく出る I'm going to **stay with** a host family for a week.

（私は１週間，ホストファミリー**の家に泊まる**予定です。）

stay at ～を使って，I'm going to **stay at** a host family's house for a week. と書きかえることもできる。

関連 stay at ～ / stay in ～　（～に滞在する）

176

happen to ～

～に起こる

よく出る What **happened to** them?

（彼ら**に**何が**起こりました**か。）

to のあとには「人」や「物」などを表す語句がくる。

難関 I **happened to meet** Emma at the station.

（私は駅で**偶然**エマに**会いました。**）

to のあとに**動詞の原形**が続くと，「偶然～する」という意味になる。

177

in the past

過去に，これまで

よく出る **In the past**, there were few buildings near here.

（**過去に**，この近くには建物はほとんどありませんでした。）

▶ We threw away recyclable resources **in the past**.

（私たちは**過去に**リサイクル可能な資源を捨てていました。）

文の最初だけでなく，文の最後におかれることもある。

関連 in the future　（将来は） ▶▶ p.21

178 Would you like ～?

～はいかがですか。

よく出る **Would you like** a cup of tea**?** — Yes, please.

（お茶**はいかがですか**。— はい，お願いします。）

人に**物をすすめる**ときに使う。Do you want ～? のていねいな言い方。断わるときは，No, thank you.（いいえ，結構です。）などと応じる。

丸暗記 **Would you like some more?**

（**もう少しいかがですか。/ お代わりはいかがですか。**）

丸暗記 **What would you like?** — I'll have a sandwich.

（**何にいたしますか。**— サンドイッチをください。）

レストランなどで，店員が注文を取るときにも使われる。

179 hope to ～

～したいと思う

よく出る I **hope to** study more about history.

（私は歴史についてもっと勉強**したいと思っています**。）

to のあとは動詞の原形が続く。hope は実現可能なことについての望みを表す。

丸暗記 **I hope to see you soon.**

（**あなたにすぐに会えることを願っています。**）

hope のあとに〈that ＋主語＋動詞 ～〉の形を続けて，I hope (that) I will see you soon. と言いかえることもできる。p.71

注意 I **wish to** become a professional soccer player.

（私はプロのサッカー選手になり**たいと思っています**。）

wish to ～も「～したいと思う」という意味だが，実現が困難なときなどに使われる。

180

Would you like to ～?　～しませんか。

よく出る **Would you like to** have lunch together**?**

（いっしょに昼食を食べ**ませんか**。）

Do you want to ～? のていねいな言い方。
to のあとは**動詞の原形**が続く。

丸暗記 **Would you like to come with me?**

（私といっしょに行きませんか。）

丸暗記 **What would you like to drink?**

（お飲み物は何になさいますか。）

レストランなどで，店員が注文を取るときにも使われる。

関連 I'd like to ～. / I would like to ～.　（～したいのですが。）p.35

Would you like ～?　（～はいかがですか。）p.92

181

～ and so on　～など

よく出る Tom showed me many American movies, books, games, **and so on**.

（トムは私に多くのアメリカの映画，本，ゲーム**など**を見せてくれました。）

ふつう，**文の最後**におく。

▶ We talked about our hobbies, club activities, **and so on**.

（私たちは趣味や部活動**など**について話しました。）

似たような物事の中から例として示すときに使われる。

etc.［エトゥ**セ**トゥラ］も「～など」という意味。
etc. の前には and はつけないよ。

182 both of ～

～の両方とも

よく出る **Both of** these words mean "move."

（これらの単語**の両方とも**「移動する」という意味を表します。）

▶ Jim and Lisa are my new friends. **Both of them** are from Canada.

（ジムとリサは私の新しい友達です。**彼らは2人とも**カナダ出身です。）

of のあとに代名詞が続くときは，**目的格**にする。

関連 both A and B （A も B も両方とも） ▶▶ p.77

183 since then

そのとき以来

よく出る I haven't seen her **since then**.

（私は**そのとき以来**ずっと彼女に会っていません。）

現在完了形（継続）の文で使われることが多い。

▶ **Since then**, Chris and I have been good friends.

（**そのとき以来**，クリスと私は仲のよい友達です。）

184 take part in ～

～に参加する

よく出る Are you going to **take part in** the speech contest tomorrow?

（あなたは明日スピーチコンテスト**に参加する**つもりですか。）

▶ You can **take part in** online lessons anywhere.

（どこでもオンラインレッスン**に参加する**ことができます。）

関連 participate in ～ （～に参加する）

\# 185

one 〜, the other ...

一方は〜，
もう一方は…

よく出る I have two cats. **One** is black, and **the other** is brown.

（私はネコを２匹，飼っています。**一方は**黒で，**もう一方は**茶色です。）

２つのものを対比していうときに使う。the other は，２つのもののうちの残りの一方を指す。

▶ **One team** has to agree with the topic, and **the other team** has to disagree with the topic.

（**一方のチーム**はその論題に賛成し，**もう一方のチーム**はその論題に反対しなければなりません。）

\# 186

〜 year(s) later

〜年後

よく出る A few **years later**, her dream came true.

（数**年後**，彼女の夢は実現しました。）

\# 187

Why don't we 〜?

（いっしょに）
〜しませんか。

よく出る **Why don't we** have lunch together**?**

（いっしょに昼食を食べ**ませんか**。）

相手を**誘う**ときに使われる。

注意 **Why don't you** join us**?**

（私たちに加わり**ませんか。**）

Why don't you 〜? は**「〜しませんか。」「〜してはどうですか。」**という意味で，**提案**するときに使われる。p.54

基本レベル 標準レベル 高得点レベル 超ハイレベル

#188 be kind to ～
～に親切である

よく出る My host family **was kind to** me.
（私のホストファミリーは私**に親切でした**。）

▶ We must **be kind to** the earth.
（私たちは地球**にやさしくし**なければなりません。）

#189 in this way
このように

よく出る **In this way**, Tom's family spends their summer vacation in Paris every year.
（**このように**，トムの家族は毎年パリで夏休みを過ごします。）

注意 Wave your hands **this way**.
（手を**こんなふうに**振ってみて。）

関連 this way　（このように）▶ p.81

#190 go up
のぼる，上がる

よく出る The cost of living is **going up** these days.
（最近，生活費は**上がっています**。）

go down は反対の意味を表し，「降りる，下がる」という意味。

▶ If you **go up** the stairs, you will find a bus stop.
（階段**をのぼる**と，バス停が見つかります。）

あとに語句が続いて，「～をのぼる」という意味でも使われる。

関連 go up to ～　（～に近寄る，～まで行く）▶ p.166

\# 191

in addition
加えて，さらに

よく出る Sarah is friendly. **In addition**, she is smart.
（サラは親しみやすいです。**さらに**，彼女は頭がよいです。）

あとにコンマ(,)をつけ，文の最初におかれることが多い。

注意 **In addition to** English, I think we should learn Chinese.
（英語**に加えて**，私たちは中国語を学ぶべきだと思います。）

in addition to ～の形で使われると，**「～に加えて」**という意味になる。

\# 192

have fun
楽しむ

よく出る I hope you **have fun** in Japan.
（私はあなたが日本で**楽しい経験をする**ことを願っています。）

注意 We **had a lot of fun** at the party.
（私たちはパーティーで**とても楽しみました**。）

「**大いに**楽しむ」というときは，very ではなく，**a lot of** を使う。

関連 enjoy （動 ～を楽しむ）

\# 193

look around ～
～を見回す

よく出る When I was **looking around** the shop, a man spoke to me.
（店**を見回している**と，男性が私に話しかけてきました。）

▶ Bill **looked around** and said, "How beautiful!"
（ビルは**あたりを見回して**，「なんて美しいんだ！」と言いました。）

look around だけで使われることもある。「あたりを見回す」という意味。

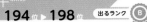

#194

say to myself　心の中で思う

よく出る **I said to myself**, "What's happening?"
(私は「何が起こっているの?」と**心の中で思いました。**)

注意 "That's a good idea," Mr. Lee **said to himself**.
(「それはいい考えだ」とリーさんは**心の中で思いました。**)

〜self の部分は，主語によって使い分ける。
I のとき → say to **myself**　**he** のとき → say to **himself**
she のとき → say to **herself**　**they** のとき → say to **themselves**

#195

more and more　ますます

よく出る **More and more** people are becoming interested in Japanese food.
(**ますます多くの**人々が日本食に興味をもつようになっています。)

▶ I got **more and more** worried about my school life.
(私は学校生活について**ますます**心配になりました。)

#196

How old 〜?　〜は何歳

よく出る **How old** is your sister**?** — She's nine years old.
(あなたの妹さんは**何歳**ですか。— 9 歳です。)

注意 **How old** is your school**?**
(あなたの学校は**創立何年**ですか。)

建物について使われると，**「建てられてから何年か」**という意味。

\# 197

even if ～　たとえ～だとしても

よく出る You should try to speak in English **even if** you're not good at it.

（**たとえ**得意でない**としても**，あなたは英語で話そうと努めるべきです。）

ifのあとは，**〈主語＋動詞 ～〉**の文の形が続く。

▶ **Even if** you don't know some of the words, you can understand the article.

（**たとえ**いくつかの単語がわからない**としても**，記事を理解することができます。）

even if ～が文の最初にくることもある。

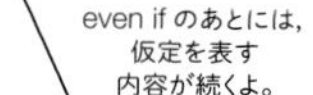

even if のあとには，
仮定を表す
内容が続くよ。

関連 even though ～

（たとえ～だとしても，～ではあるが）▶▶ p.112

\# 198

grow up　大人になる，成長する

よく出る What do you want to be when you **grow up**?

（あなたは**大人になった**ら，何になりたいですか。）

▶ Did you know bamboos **grow up** fast?

（あなたは竹が早く**成長する**ことを知っていましたか。）

注意 I was born in France and **grew up** in Canada.

（私はフランスで生まれて，カナダで**育ちました**。）

子どもや植物などが**「育つ」**という意味でも使われる。
growは不規則動詞で，**grow-grew-grown**と変化する。

関連 bring up ～　（～を育てる）▶▶ p.173

199 get angry

怒る

よく出る My mother **gets angry** when I watch TV for a long time.
（私が長い間テレビを見ていると，母は**怒ります。**）

▶ My friends **were angry** and I apologized to them.
（私の友達は**怒っていた**ので，私は彼らに謝りました。）

怒っていない状態から**「怒る」** → **get** angry で表す。
すでに**「怒っている」**状態 → **be** angry で表す。

▶ Sam did nothing, so I **got angry with** him.
（サムが何もしなかったので，私は彼**に怒りました。**）

「**～に**怒る」というときは，get angry **with** ～，または get angry **at** ～の形を使う。

200 depend on ～

～に頼る，
～次第である

よく出る We **depend on** other countries for oil.
（私たちは石油をほかの国**に頼っています。**）

難関 Whether you will win the game **depends on** your effort.
（あなたが試合に勝つかどうかはあなたの努力**次第です。**）

丸暗記 Should we change our plans?
— **That depends on you.**
（私たちは予定を変更するべきでしょうか。
— **それはあなた次第です。**）

That の代わりに It を使って，It depends on you. ということもある。

#201

get on ～

～に乗る

よく出る **When can I get on the bus for Osaka?**

（いつ大阪行きのバス**に乗る**ことができますか。）

注意 Let's **get in this taxi.**

（**このタクシーに乗り**ましょう。）

get on ～と get in ～はふつう，次のように使い分ける。
get on →**電車・バス・飛行機**などの乗り物に**「乗る」**。
get in →**車・タクシー**などの乗り物に**「乗る」**。

get on the train

get in the car

関連 get off （〈電車・バスなどから〉降りる） p.90

get out of ～ （〈車・タクシーなど〉から降りる） p.144

#202

hear of ～

～のことを聞く，
～のうわさを聞く

よく出る Have you ever **heard of** food mileage?

（あなたはフードマイレージ**のことを聞いた**ことがありますか。）

現在完了形（経験）の文で使われることが多い。

▶ I haven't **heard of** her lately.

（私は最近，彼女**のうわさを聞いて**いません。）

関連 hear about ～ （～について聞く） p.70

hear from ～ （～から連絡がある） p.162

203 wake up
目を覚ます

よく出る Judy **woke up** early in the morning.
（ジュディーは朝早く**目を覚ましました。**）

▶ I asked my mother to **wake me up** at 6:30.
（私は母に6時30分に**私を起こす**ように頼みました。）

〈wake 人 up〉で**「(人)を起こす」**という意味。

関連 get up　（起きる）▶▶ p.52

204 do well
うまくいく

よく出る I'm sure I will **do well**.
（私はきっと**うまくいく**だろうと思います。）

注意 My daughter **did well at school**.
（私の娘は**学校でいい成績を取りました。**）

do well at school で**「学校でいい成績を取る」**という意味になる。

205 on the other hand
他方では

よく出る Many people think smartphones are useful. **On the other hand**, some people think they are difficult to use.
（多くの人がスマートフォンは便利だと思っています。**他方では**，使いにくいと思っている人もいます。）

前に述べた内容とあとの内容を**対比**するときに使われる。

206

be famous for ～

～で有名である

よく出る Our town **is famous for** its beautiful lake.
（私たちの町は美しい湖**で有名です**。）

難関 They **are famous for growing** coffee beans.
（彼らはコーヒー豆を**栽培していることで有名です**。）

for のあとに**動詞の ing 形**が続くこともある。

▶ She **was famous as** a writer.
（彼女は作家**として有名でした**。）

be famous **as** ～で「～**として**有名である」という意味になる。
She was a famous writer. と同じ意味。

207

be proud of ～

～を誇りに思う

よく出る **I'm proud of** the traditional event in our town.
（私は，私たちの町の伝統的な行事**を誇りに思います**。）

丸暗記 **I'm proud of you.**
（**私はあなたのことを誇りに思います。**）

何かを達成したり，頑張ったりした人に対するほめことばとして使われる。
「私もうれしいです。」「よかったですね。」などと訳すこともできる。

▶ Ken **is proud of being** a member of the team.
（健はそのチームの一員**であることを誇りに思っています**。）

of のあとに**動詞の ing 形**が続くこともある。

be は主語と時（現在か過去か）
によって形を使い分けよう。

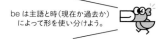

208

prepare for ～

～の準備をする

よく出る I **prepared for** my speech.
（私はスピーチ**の準備をしました**。）

注意 It's important for us to **prepare for** disasters.
（私たちにとって災害**に備える**ことは大切です。）

▶ The city **was prepared for** the flood.
（その市は洪水**に備えていました**。）

be prepared for ～で**「～に対する準備ができている，～を覚悟している」**という意味。

関連 be ready to ～　（～する用意ができている）▶▶ p.129
be ready for ～　（～の用意ができている）▶▶ p.137

209

all the time

いつも

よく出る Jim is late **all the time**.
（ジムは**いつも**遅刻します。）

▶ I keep the doors open **all the time**.
（私は**いつも**ドアを開けたままにしています。）

▶ He always carries his smartphone with him and checks his messages **all the time**.
（彼はいつもスマホを持っていて，**いつも**メッセージを確認しています。）

▶ The students kept silent **all the time**.
（生徒たちは**その間ずっと**だまっていました。）

「その間ずっと」という意味でも使われる。

関連 always　（副 いつも）

\# 210

in order to ～

～するために

よく出る We planted trees **in order to** save the forest.

（私たちはその森を守る**ために**木を植えました。）

「目的」を表す。to のあとは**動詞の原形**が続く。

▶ **In order to** avoid heavy traffic, I'll leave early.

（交通渋滞を避ける**ため**，私は早く出発します。）

文の最初におくこともある。

難関 I checked many times **in order not to** make mistakes.

（私は間違え**ないように**何度も確認しました。）

in order not to ～で「～しないために」という意味になる。

\# 211

in the evening

夕方に，晩に

よく出る I usually walk my dog **in the evening**.

（私はたいてい**夕方に**犬を散歩させます。）

▶ **In the evening**, we studied English for two hours.

（**夕方に**，私たちは英語を２時間勉強しました。）

in the evening は文の最初にも，最後にもおくことができる。

難関 I arrived at Tokyo Station at five **on Monday evening**.

（私は東京駅に**月曜日の夕方の**５時に着きました。）

特定の日の「夕方に」というときは，in ではなく **on** を使う。× in Monday evening とはふつういわない。

関連 in the morning （朝に，午前中に） ▶▶ p.37

in the afternoon （午後に） ▶▶ p.50

基本レベル　標準レベル　高得点レベル　超ハイレベル

212

May I speak to ～?

[電話で] ～さんをお願いします。

よく出る **May I speak to** Mary, please**?**
— Sorry, she is out now.
（メアリー**さんをお願いします**。
— すみません，彼女は今，外出しています。）

電話のやりとりで使われる表現。相手を呼び出してもらうときに使う。please がつかないこともある。

▶ **Can I speak to** Jack**?**
— Speaking.
（ジャック**さんをお願いします**。— 私です。）

Can I speak to ～ (, please)? ということもある。May I speak to ～? よりもくだけた言い方。

213

near here

この近くに

よく出る My grandparents live **near here**.
（私の祖父母は**この近くに**住んでいます。）

▶ Is there a post office **near here**?
— Yes. There is one over there.
（**この近くに**郵便局はありますか。— はい。あそこにあります。）

道案内の場面での会話。Where can I find a post office near here? とたずねることもできる。

関連 over there （向こうに，あそこで） ▶▶ p.85
over here （こちらに，こちらでは） ▶▶ p.192

高校入試ランク　214位 ▶ 333位

高得点レベル

この章に収録されているのは，都道府県立などの公立高校の共通入試で高得点をねらうための熟語です。公立独自入試を受ける人や，難関私立・国立をめざす人も学習しておく必要があります。この章に取り組むことで，ほかの受験者と差をつけられます。

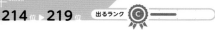

214 take off ～
～を脱ぐ

よく出る Ann **took off** her hat and put it on the desk.
(アンは帽子**を脱ぐ**と，それを机の上に置きました。)

注意 Our plane will **take off** soon.
(私たちの飛行機はまもなく**離陸する**でしょう。)

「(飛行機が)離陸する」という意味もある。

関連 put on ～　(～を身につける) p.135

215 call me back
私に電話をかけ直す

よく出る Could you ask him to **call me back**?
(**私に電話をかけ直す**ように彼に頼んでいただけますか。)

丸暗記 **I'll call you back later.**
(あとで電話をかけ直します。)

I'll call back later. ともいう。

216 in the end
ついに，最後は

よく出る **In the end**, my parents agreed with me.
(**最終的には**，両親は私に賛成してくれました。)

文の最初だけでなく，最後におかれることもある。

関連 at first　(最初は) p.52
at last　(ついに，とうとう) p.120
after all　(結局) p.143

\# 217

right now

今すぐ，ただ今

よく出る I have to go home **right now**.

（私は**今すぐ**家に帰らなければなりません。）

この **right** は**「ちょうど」**という意味。

▶ I can't answer the phone **right now**.

（私は**今**，電話に出られません。）

関連 right away　（すぐに）▶▶ p.154

at once　（すぐに）

\# 218

stand up

立ち上がる，起立する

よく出る Ms. Baker told the students to **stand up**.

（ベイカー先生は生徒たちに**起立する**ように言いました。）

関連 sit down　（すわる，着席する）▶▶ p.121

\# 219

thousands of ～

何千もの～，多数の～

よく出る People have used many kinds of tools for **thousands of years**.

（人々は**何千年もの**間，たくさんの種類の道具を使ってきました。）

× thousand ではなく，thousand**s** と複数形にすることに注意。
また，of のあとの数えられる名詞も複数形にする。

関連 hundreds of ～　（何百もの～）▶▶ p.126

millions of ～　（何百万もの～）

220

come in
入る

よく出る Ms. Jones told me to **come in**.
（ジョーンズ先生は私に**入る**ように言いました。）

丸暗記 **May I come in?**
（**入ってもいいですか。**）

関連 come into ～　（～に入ってくる）
come out　（出てくる） p.122
come out of ～　（～から出てくる） p.156

221

come true
実現する

よく出る I hope your dream will **come true**.
（あなたの夢が**実現する**ことを願っています。）

夢などが **「現実のものになる，実現する」** というときに使う。

▶ Our wishes finally **came true**.
（私たちの望みはとうとう**かないました。**）

222

share A with B
A を B と共有する

よく出る We should find a problem and **share** it **with** other students.
（私たちは問題を見つけ，それ**を**ほかの生徒**と共有する**べきです。）

注意 My mother told me to **share** the cake **with** Luke.
（母は私にケーキ**を**ルーク**と分け合う**ように言いました。）

「A を B と分け合う」という意味でも使われる。

223

again and again

何度も，くり返して

よく出る Jim asked me the same question **again and again**.

（ジムは私に同じ質問を**何度も**しました。）

関連 over and over　（何度も，くり返して）

224

as soon as ～

～するとすぐに

よく出る I called Meg **as soon as** I arrived at the airport.

（私は空港に着く**とすぐに**メグに電話をしました。）

注意 Please write me back **as soon as possible**.

（**できるだけ早く**私に返事をください。）

as soon as possible は**「できるだけ早く」**という意味。as ～ as ... can（できるだけ～）を使って，Please write me back **as soon as** you **can**. とも表せる。p.163

225

be made of ～

～でできている

よく出る This pencil box **is made of** wood.

（この筆箱は木**でできています**。）

注意 Tofu and miso **are made from** soybeans.

（豆腐とみそは大豆**からできています**。）

be made of ～　→製品を見て，**材料がわかるとき**に使われる。
be made from ～ →原料・材料の質や成分が変化し，製品を見ただけでは**材料がわからないとき**に使う。

226

even though ～

たとえ～だとしても，～ではあるが

よく出る **You may get nervous even though you have practiced hard.**

（**たとえ**熱心に練習した**としても**，緊張するかもしれません。）

even though のあとは〈主語＋動詞 ～〉の文の形が続く。

注意 **Even though** he is still a student, he runs a company.

（彼はまだ学生**ではありますが**，会社を経営しています。）

even though は文の最初にもおくこともできる。

関連 even if ～（たとえ～だとしても） p.99

227

pay attention to ～

～に注意を払う

よく出る We should **pay** more **attention to** traditional Japanese culture.

（私たちはもっと日本の伝統文化**に注意を払う**べきです。）

attention の前に，more（もっと）などがつくこともある。

難関 The students **paid little attention to** their surroundings.

（その生徒たちは周囲**にほとんど注意を払いませんでした。**）

pay little attention to ～で「～にほとんど注意を払わない」という意味。上の例文は The students **didn't pay much attention to** their surroundings. と書きかえることができる。

丸暗記 **Attention, please.**

（**注目してください。/ お知らせいたします。**）

店内や飛行機などのアナウンスで，これから話すことに注意を向けさせるときに使われる。

228 for a while

しばらくの間

よく出る Emma thought **for a while** and said, "I can't decide."

（エマは**しばらくの間**考えて，「私は決められない」と言いました。）

関連 for some time　（しばらくの間）

229 for himself

自分自身で，
自分のために

よく出る He decided **for himself** to go to college.

（彼は**自分自身で**大学へ行くことを決めました。）

〜self の部分は，主語によって使い分ける。

I のとき　→ for **myself**　　**he** のとき　→ for **himself**

she のとき → for **herself**　　**they** のとき → for **themselves**

▶ I bought a T-shirt **for myself**.

（私は**自分のために** T シャツを買いました。）

230 How often 〜?

どのくらいの頻度で

よく出る **How often** do you play soccer**?** — Three times a week.

（あなたは**どのくらいの頻度で**サッカーをしますか。— 週に 3 回です。）

頻度や**回数**をたずねる文。答えでは，次のような語句が使われる。

once（1 回）　**twice**（2 回）　**〜 times**（〜回）

▶ **How often** does the train come**?**

— Every ten minutes.

（電車は**どのくらいの間隔で**来ますか。— 10 分おきです。）

基本レベル　標準レベル　高得点レベル　超ハイレベル

231 introduce A to B　AをBに紹介する

よく出る I'll **introduce** you **to** my parents.
（あなた**を**私の両親**に紹介します**。）

▶ When was the system **introduced to** Japan?
（そのシステムはいつ日本**に導入され**ましたか。）

「導入する，持ちこむ」という意味で使われることもある。

注意 Let me **introduce myself to** the class.
（クラスのみんなに**自己紹介**させてください。）

introduce ～self で**「自己紹介する」**という意味。～self の部分は主語によって使い分ける。

232 must not ～　～してはいけない

よく出る You **must not** give the animals any food.
（動物たちにえさを与え**てはいけません**。）

must not は**強い禁止**を表す。don't have to ～は「～する必要はない」という意味で，不必要を表す。
You **don't have to** give the animals any food. なら「動物たちにえさを与える**必要はありません**。」という意味になる。▶▶ p.40

▶ You **must not** be selfish.
（わがままになっ**てはいけません**。）

must not のあとは動詞の原形が続く。be 動詞の場合は，be になる。

▶ You **mustn't** eat or drink in this room.
（この部屋では食べたり飲んだり**してはいけません**。）

must not は短縮形の mustn't の形も使われる。

233 on the phone

電話で

よく出る I sometimes talk with her **on the phone**.

（私はときどき，彼女と**電話で**話をします。）

▶ She is **on the phone**.

（彼女は**電話中**です。）

234 used to ～

よく～したものだ，～だった

よく出る I **used to** play with dolls when I was little.

（私は小さいころ**よく**人形遊びを**したものです**。）

助動詞のように使われ，to のあとは**動詞の原形**が続く。
used to は［**ユ**ーストゥ，**ユ**ースタ］のように発音する。

難関 My father **is used to** getting up early.

（私の父は早起きすること**に慣れています**。）

be used to ～で**「～に慣れている」**。動詞の ing 形が続くことに注意。

235 be full of ～

～でいっぱいである

よく出る My future **is full of** hope.

（私の将来は希望**でいっぱいです**。）

▶ Judy's basket **was full of** flowers.

（ジュディーのかごは花**でいっぱいでした。**）

be filled with ～を使って，Judy's basket **was filled with** flowers.
のように書きかえることもできる。

基本レベル 標準レベル 高得点レベル 超ハイレベル

236

look up　見上げる，～を調べる

よく出る If you **look up** at the sky, you'll see the beautiful moon.
（空を**見上げる**と，美しい月が見えます。）

あとに **at** が続いて，「**～を**見上げる」という意味で使われることが多い。

注意 Sarah **looked up** from her notebook.
（サラはノートから**顔を上げました。**）

「顔を上げる」という意味もある。

▶ Let's **look up** this word in a dictionary.
（辞書でこの単語**を調べて**みましょう。）

関連 look down　（見下ろす）

237

you know　ねえ，～だよね

よく出る **You know,** we went to Kyoto on a school trip.
（**ねえ**，私たちは修学旅行で京都へ行きましたね。）

相手の注意・関心をひいて「ねえ」「ほら」という意味や，同意を求めたり，相手が知っているかどうかを確認したりして「～だよね」「～でしょ」などの意味で使われる。

▶ I'm not good at sports, **you know**.
（私はスポーツが得意ではないん**だよね。**）

文末で使われることもある。

相手の注意をひいて「ねえ」というときの表現には，ほかに Guess what! や You know what? などもあるよ。

関連 as you know　（ご存じのように）▶▶ p.148

\# 238

A **as well as** B

B だけでなく A も，
B と同様に A も

よく出る Lisa studies hard at home **as well as** at school.

（リサは学校**だけでなく**家で**も**熱心に勉強します。）

上の例文は，not only ... but also ～を使って，Lisa studies not only at school but also at home. と書きかえることもできる。このとき，at home と at school の位置が逆になっていることに注意。▶▶ p.63

注意 I can play the violin **as well as** other members.

（私はほかのメンバーと**同じくらいじょうずに**バイオリンが弾けます。）

as well as ～は「～と同じくらいじょうずに」という意味で使われることもある。

難関 I joined the soccer team.　My friends did **as well**.

（私はサッカー部に入りました。私の友達**もまた**入りました。）

as well だけだと，**「～もまた，そのうえ」**という意味。

\# 239

belong to ～

～に所属する

よく出る I **belong to** the soccer team at school.

（私は学校でサッカー部**に所属しています**。）

belong は状態を表す動詞なのでふつう，進行形にしない。
上の例文は，**I'm on** the soccer team at school. や **I'm a member of** the soccer team at school. などと書きかえることもできる。

注意 This button must **belong to** this shirt.

（このボタンはこのシャツ**のもの**にちがいありません。）

「（物などが）～のものである，～に属している」という意味でも使われる。

関連 a member of ～　（～の一員）▶▶ p.69

240 continue to ～ ～し続ける

よく出る Mother Teresa **continued to** work for the poor.
（マザー・テレサは貧しい人たちのために働き**続けました。**）

to のあとは**動詞の原形**が続く。

▶ Mr. Beck has **continued working** as a chef.
（ベックさんはシェフとして**働き続けています。**）

動詞の **ing 形**が続くこともある。ほぼ同じ意味で使われる。

関連 keep trying （努力し続ける） ▶▶ p.40
keep on watching （見守り続ける） ▶▶ p.182

241 in bed （ベッドで）寝ている

よく出る Nick is **in bed** with a cold.
（ニックはかぜをひいて**寝ています。**）

bed の前に a や the などはつけない。

▶ You should go home and **stay in bed**.
（あなたは家に帰って**寝ている**べきですよ。）

stay in bed の形でもよく使われる。
lie in bed →「ベッドに横になる」
rest in bed →「ベッドで休む」

丸暗記 **I was sick in bed yesterday.**
（私は昨日，病気で寝ていました。）

be sick in bed で**「病気で寝ている」**という意味。

242

No, thank you.

いいえ，結構です。

よく出る Do you want something to drink? — **No, thank you.**

（何か飲み物はいかがですか。— **いいえ，結構です。**）

243

not as old as ～

～ほど古くはない

よく出る My watch is **not as old as** Meg's.

（私の腕時計はメグのもの**ほど古くはありません。**）

≒ My watch is **newer than** Meg's.
（私の腕時計はメグのものより新しいです。）
≒ Meg's watch is **older than** mine.
（メグの腕時計は私のものより古いです。）

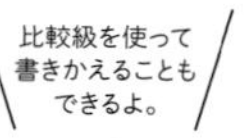

比較級を使って
書きかえることも
できるよ。

244

on the way

途中で

よく出る We had lunch at a restaurant **on the way**.

（私たちは**途中で**，レストランで昼食を食べました。）

注意 I met Ms. Brown **on the way to** school.

（私は学校**へ行く途中で**ブラウン先生に会いました。）

on the way to ～で **「～へ行く途中で」。「家へ帰る途中で」** という場合は，**on the way home** となる。home の前に to は不要。

注意 **On the way back to** Tokyo, the train was late.

（東京**へ戻る途中で**，電車が遅れました。）

on the way back to ～で **「～へ戻る途中で，～へ帰る途中で」。**

245 at last
ついに，とうとう

よく出る They have arrived at the South Pole **at last**.
（彼らは**ついに**南極点に到達しました。）

ふつう，否定文や望ましくない結果を表す文では使わない。

▶ **At last**, I finished my report.
（**とうとう**，私はレポートを終えました。）

文の最後だけでなく，最初におくこともできる。

関連 finally （副 最後に，ついに）
at first （最初は） ▶▶ p.52

246 be late for ～
～に遅れる

よく出る Why **were** you **late for** school?
（なぜあなたは学校**に遅れた**のですか。）

be は，主語と時（現在か過去か）によって，**am, is, are, was, were** の形を使い分ける。

▶ **I'm going to be late for** dinner today.
（私は今日，夕食**に遅れそうです**。）

上の例文では，**be going to ～**は将来起こる出来事を予想して**「～しそうだ」**という意味で使われている。

難関 He **was too late for** the train.
（彼は電車**に間に合いませんでした**。）

be too late for ～で**「～に間に合わない」**という意味。

247

Good job.　よくやったね。

よく出る　Mr. Ford said to me, “**Good job!**”

（フォード先生は私に「**よくやったね！**」と言いました。）

相手をほめるときに使う決まった言い方。

▶ I think I did my best. — **You did a good job!**

（私はベストを尽くしたと思います。— **あなたはよくやりましたね！**）

You did a good job. も同じ意味で使われる。

248

not really　それほどでもない

よく出る　Did you enjoy the movie? — **Not really.**

（あなたはその映画を楽しみましたか。— **いや，それほどでも。**）

疑問文への応答として使われる。否定の答えをやわらげた言い方。

注意　I'm **not really** good at cooking.

（私は**それほど**料理が得意**ではありません**。）

否定文で使われ，**「それほど～でない，あまり～でない」**という意味。

249

sit down　すわる，着席する

よく出る　Please **sit down** here.

（ここに**すわって**ください。）

関連　stand up　（立ち上がる，起立する）▶▶ p.109

sit on ～　（～にすわる）

have a seat　（すわる）

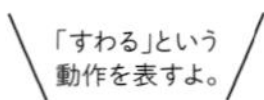

\# 250

take a bath

ふろに入る

よく出る I usually **take a bath** after dinner.

（私はたいてい夕食後に**ふろに入ります。**）

この take は**「ある行動をする」**という意味。

関連 take a shower　（シャワーを浴びる）

\# 251

come out

出てくる

よく出る Suddenly, a black cat **came out** in front of me.

（突然，黒いネコが私の前に**出てきました。**）

注意 His new book **came out** last week.

（彼の新しい本が先週**発売されました。**）

「（本などが）発売される，（映画などが）公開される」という意味もある。

関連 come in　（入る）▶▶ p.110

come out of ～　（～から出てくる）▶▶ p.156

\# 252

from abroad

外国から（の）

よく出る A lot of tourists **from abroad** will visit Japan.

（**外国からの**観光客がたくさん日本を訪れるでしょう。）

abroad は「外国」という意味。**from overseas** も同じ意味で使われる。
overseas は「外国の，海外の」という意味。

▶ Japan imports a lot of food **from abroad**.

（日本は多くの食べ物を**外国から**輸入しています。）

#253
Good luck.
幸運を祈る。，がんばってね。

よく出る Take care and **good luck**. — Thank you.
（気をつけて，それから**幸運を祈ります**。— ありがとう。）

▶ **Good luck on** your speech.
（スピーチ，**がんばってね**。）

上の例文では on ではなく，**with** を使うこともある。

#254
as a result
結果として

よく出る **As a result**, we decided to hold a school festival.
（**結果として**，私たちは文化祭を開くことに決めました。）

ふつう文の最初におかれる。

注意 The climate is changing greatly, **as a result of** global warming.
（地球温暖化**の結果として**，気候が大きく変化しています。）

as a result of ～の形でも使われる。**「～の結果として」**という意味。

#255
Can I help you?
お手伝いしましょうか。

よく出る **Can I help you?** — Yes, please.
（**お手伝いしましょうか。**— はい，お願いします。）

手伝いを申し出るときに使う。断るときは，No, thank you. などという。また，**May I help you?** と同様に，店員が客に対して使って，「何かおさがしですか。」という意味でも使われる。▶▶ p.88

256 in the middle of ～

～の真ん中に

よく出る The children sat down **in the middle of** the field.
（子どもたちはグラウンド**の真ん中に**すわりました。）

注意 **In the middle of April**, tulips are in full bloom there.
（**4月の中ごろに**，そこではチューリップが満開になります。）

「場所」だけでなく，期間の**「中ごろに」**というときにも使われる。

257 sound like ～

～のように聞こえる

よく出る It **sounds like** a good idea.
（それはいい考え**のように聞こえます**。[→いい考えですね。]）

この **like** は「**～のように**」という意味の前置詞。あとには名詞や代名詞が続く。

丸暗記 **That sounds like fun.**
（それは楽しそうですね。）

That sounds good.
（いいですね。）のように
形容詞がくることもあるよ。

関連 Sounds good.　（よさそうですね。）▶▶ p.79
Sounds fun.　（楽しそうですね。）▶▶ p.136

258 choose to ～

～することに決める

よく出る Why did your mother **choose to** quit her job?
（なぜあなたのお母さんは仕事を辞める**ことに決めた**のですか。）

to のあとは動詞の原形が続く。

#259

Let me see.

ええと。

よく出る Are you free tomorrow?

— **Let me see.** Yes, I am.

（明日は暇ですか。— **ええと。**はい，暇です。）

▶ How do you turn on this computer?

— **Let's see.** Oh, push this button.

（このコンピューターの電源はどうやって入れますか。

— **ええと。**ああ，このボタンを押して。）

Let's see. もほぼ同じ意味で使われる。

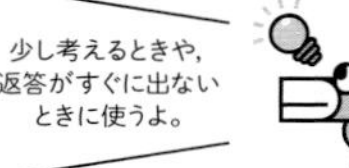

少し考えるときや,
返答がすぐに出ない
ときに使うよ。

#260

What's the matter?

どうしたのですか。

よく出る Can you help me?

— Sure. **What's the matter?**

（手伝ってくれますか。— いいですよ。**どうしたのですか。**）

何か困ったことが起こったのかをたずねるときに使う。matter は「問題，事柄」という意味。

▶ You look sad. **What's the matter?**

— I can't find my wallet.

（悲しそうですね。**どうしたのですか。**— 私の財布が見つかりません。）

体調が悪そうな人などに対して，様子をたずねるときにも使われる。

 What's wrong?（どうしたのですか。）▶▶ p.176

#261

ask for ～

～を求める

よく出る You can **ask for** help when you are in trouble.
（困っているときは，助け**を求める**ことができます。）

▶ My little sister often **asks for** my advice.
（私の妹はよくアドバイス**を求めます**。）

上の例文は，My little sister often **asks me for advice**. と書きかえることもできる。▶▶ p.142

▶ I **asked for** a glass of water because I was thirsty.
（私はのどがかわいていたので，水**をくれるように頼みました**。）

「～がほしいと頼む」「～をくれと言う」などの意味でも使われる。

関連 ask A for B　（A に B を頼む）▶▶ p.142

#262

hundreds of ～

何百もの～

よく出る **Hundreds of** people come to the museum every day.
（毎日，**何百人もの**人々がその博物館に来ます。）

hundreds と複数形にする。

▶ It can take **hundreds of years** for plastic bottles to break down.
（ペットボトルが分解するのには**何百年も**かかる可能性があります。）

関連 thousands of ～　（何千もの～，多数の～）▶▶ p.109
millions of ～　（何百万もの～）

of のあとには名詞の複数形や people などの複数を表す名詞が続くよ。

263

It is said that ～.

［本・手紙・ウェブサイトなどに］
～と書かれている。

よく出る **It is said that** the world's population is increasing.
（世界の人口は増えている**と書かれています。**）

このItは本・手紙・ウェブサイトなど，参照先を指している。
thatは接続詞で，**省略**されることもある。

▶ **It is said that** the band will come to Japan next month.
（そのバンドは来月，日本にやって来る**と言われています。**）

「～と言われている，～というううわさである」という意味でも使われる。

264

at least

少なくとも

よく出る Sarah checks her e-mail **at least** twice a day.
（サラは**少なくとも**1日に2回はメールをチェックします。）

このleastは「もっとも少ないこと，最小」という意味。

265

cut down ～

～を切り倒す

よく出る Someone **cut down** the tree last night.
（だれかが昨夜，その木**を切り倒しました。**）

動 cut（切る）は，原形と過去形・過去分詞の形が同じ。

難関 Do you know how to **cut down on** stress?
（あなたはストレス**を減らす**方法を知っていますか。）

cut down on ～ で**「～を減らす，削減する」「～を縮小する」**という意味。

#266 I'm afraid that ~.

(残念ながら)~ではないかと思う。

よく出る **I'm afraid that** you are wrong.
(**残念ながら**あなたは間違っているの**ではないかと思います。**)

望ましくないことや,**言いにくいこと**を伝えるときに使う。

▶ **I'm afraid** they don't understand my English.
(彼らは私の英語を理解していないの**ではないかと思います。**)

that は接続詞で,**省略**されることもある。

関連 I hope that ~. (~だといいと思う。) ▶▶ p.71

#267 on his way to ~

~へ行く途中で

よく出る Paul visited Japan **on his way to** China.
(ポールは中国**へ行く途中で**日本を訪れました。)

主語が **I** のとき → on **my** way to ~
主語が **she** のとき → on **her** way to ~
主語が **they** のとき → on **their** way to ~

主語によって
使い分けが必要
なんだね!

注意 They were **on their way home** from school.
(彼らは学校から家**に帰る途中**でした。)

「家に帰る途中で」というときは,home の前に to はつけない。

▶ **On the way to** the park from my house, I found a nice cafeteria.
(家から公園**へ行く途中で**,私はすてきなカフェを見つけました。)

on the way to ~も同じ意味で使われる。あとに home, there, here などの副詞が続くときは,to はつけない。

#268

be ready to ～

～する用意ができている

よく出る **Are** you **ready to** leave, Kate? — Wait a minute, please.

（出発**する用意ができている**かい，ケイト。— 少し待ってください。）

to のあとは**動詞の原形**が続く。

丸暗記 **Are you ready to order?** — Yes, I'd like steak, please.

（**ご注文はお決まりですか。**［←注文する用意ができていますか。］

— はい，ステーキをお願いします。）

レストランなどで店員が注文を取るときにも使われる。

関連 be ready for ～ （～の用意ができている） p.137

#269

so far

今までのところは，
これまでは

よく出る **So far**, more than one million people have watched the video.

（**今までのところ**，100 万人以上の人々がその動画を見ました。）

文頭におかれることが多い。

▶ Our team has never lost a game **so far**.

（私たちのチームは**これまで** 1 度も試合に負けたことがありません。）

#270

search for ～

～をさがす

よく出る We need to **search for** more useful information.

（私たちはもっと役に立つ情報**をさがす**必要があります。）

それがあると思われる場所を注意深く「さがす」ということを表す。

関連 look for ～ （～をさがす） p.32

271

take a walk

散歩する

よく出る My grandfather **takes a walk** in the park every morning.

（私の祖父は毎朝，公園を**散歩します**。）

関連 go for a walk （散歩に行く）

272

turn off ～

（明かりなど）を消す

よく出る You should **turn off** the light when you leave the room.

（部屋を出るときは電気**を消す**べきです。）

注意 **Turn out** the light before going to bed.

（寝る前に電気**を消しなさい。**）

turn out ～も**「（明かりなど）を消す」**という意味。

関連 turn on ～ （〈明かりなど〉をつける） ▶▶ p.155

273

get married

結婚する

よく出る She's going to **get married** in June.

（彼女は６月に**結婚する**予定です。）

▶ Bill **is married** to Yuko.

（ビルは優子と**結婚しています。**）

get **married** → **「結婚する」**ということを表す。
be **married** → **「結婚している」**という状態を表す。

×be married with ～とはいわないよ。

\# 274

make a plan

計画を立てる

よく出る Let's **make a plan** for our summer vacation.
（夏休みの**計画を立て**ましょう。）

注意 We have to **make plans** for our school trip.
（私たちは修学旅行の**計画を立て**なければなりません。）

make plans の形で使われることもある。

\# 275

make friends with ～

～と友達になる

よく出る I've **made friends with** many people at school.
（私は学校でたくさんの人**と友達になりました**。）

▶ I've **been friends with** her since I was five.
（私は５歳のころから彼女**と友達です**。）

be friends with ～は**「～と友達である，～と親しい」**という意味。

関連 become friends with ～　（～と友達になる）

\# 276

What's up?

どうしたのですか。，元気ですか。

よく出る You look happy. **What's up?** — I won the game.
（うれしそうですね。**どうしたのですか。** — 試合で勝ちました。）

▶ Hi, Bill. **What's up?** — I'm good.
（こんにちは，ビル。**元気？** — 元気だよ。）

何かあったかと様子をたずねるときや，友達に会ったときのあいさつとして使われる。

#277 get along with ～
～と仲よくやっていく

よく出る Do you **get along with** your classmates?
（あなたはクラスメイト**と仲よくやっています**か。）

難関 He can **get along well** in foreign countries.
（彼は外国で**うまくやっていく**ことができます。）

get along には，**「うまくやる，何とか暮らしていく」**という意味もある。

#278 get tired
疲れる

よく出る If you don't have breakfast, you will **get tired** easily.
（もし朝食を食べなければ，**疲れ**やすくなるでしょう。）

難関 **I'm getting tired of** this boring movie.
（私はこの退屈な映画**にあきてきています**。）

get tired of ～は**「～にあきる，～がいやになる」**という意味。

関連 get angry （怒る） ▶▶ p.100

#279 How many times ～?
何回～

よく出る **How many times** have you been to America**?**
（あなたは**何回**アメリカへ行ったことがありますか。）

この time は「～回，～度」という意味。
回数をたずねるときに使う。

関連 How often ～? （どのくらいの頻度で） ▶▶ p.113

\# 280

leave a message ［電話で］伝言を残す

よく出る Can I **leave a message**?
（［電話で］**伝言を頼め**ますか。）

この **leave** は**「預ける，残す，置いていく」**という意味。

注意 Can I **take a message**?
（［電話で］**伝言を預かり**ましょうか。）

take a message は「**伝言を預かる**」という意味。

\# 281

What about ～? ～はどうですか。

よく出る Let's go out for dinner. — OK. **What about** Chinese food**?**
（夕食を食べに出かけましょう。— いいよ。中国料理**はどうですか。**）

▶ I want to be a singer. **What about you?**
（私は歌手になりたいです。**あなたはどうですか。**）

何かを**提案**するときや，相手に**意見や感想をたずねる**ときに使われる。
How about ～? も同じ意味で使われる。 p.18

注意 **What about talking** about our goals**?**
（私たちの目標について**話すのはどうですか。**）

何かをしようと**誘う**ときにも使われる。
about のあとに動詞が続くときは，**ing 形**にする。

282

fall down

倒れる，落ちる

よく出る She **fell down** and hurt her arm.
（彼女は**倒れて**腕をけがしました。）

fall は不規則動詞。**fall - fell - fallen** と変化する。

▶ Something **fell down** from the tree.
（何かが木から**落ちてきました**。）

関連 fall off ～ （～から落ちる） ▶▶ p.181

283

no longer ～

もはや～ない

よく出る This bookstore **no longer** sells that magazine.
（この書店では**もう**その雑誌を売っていま**せん**。）

▶ That machine is **no longer** used here.
（その機械は**もはや**ここでは使われていま**せん**。）

284

not ～ at all

少しも～ない

よく出る You **don't** have to worry **at all**.
（あなたたちは**少しも**心配する必要は**ありません**。）

否定の意味を強めるときに使われる。

注意 Thank you very much. — **Not at all.**
（どうもありがとうございます。— **どういたしまして。**）

Not at all. は**「どういたしまして。」**という意味。
お礼を言われたときの応答として使う。

285

put on ～

～を身につける

よく出る Please teach me how to **put on** a kimono.

（どうやって着物**を着る**のか私に教えてください。）

▶ My grandfather **put on his hat** and went out.

（私の祖父は**帽子をかぶって**外出しました。）

衣服以外にも，帽子や靴，めがねを身につけるときにも使われる。

注意 Can you **put on** the light?

（電気**をつけて**くれますか。）

電気やテレビなどを**「つける」**という意味もある。
電気や火などを**「消す」**というときは，**put out** を使う。

関連 wear （動 ～を身につけている）

take off ～ （～を脱ぐ） p.108

286

remind A of B

A に B を思い出させる

よく出る That song **reminded** me **of** my school days.

（その歌は私**に**学生時代**を思い出させました**。）

A には「人」を表す語句がくる。代名詞のときは，me, him, her などの形を使う。

▶ What did this story **remind** the people **of**?

（この話は人々**に**何**を思い出させました**か。）

That reminds me. は「それで思い出したよ。」という意味で，相手の話や行動から何かを思い出したときに使うよ。

#287 Shall I ～?

～しましょうか。

よく出る **Shall I** bring you something to drink**?**

（あなたに何か飲むものを持ってき**ましょうか**。）

「私が～しましょうか。」と相手に申し出るときの表現。

丸暗記 **Shall I help you?**

（**お手伝いしましょうか。**）

次のような応じ方がある。
「はい，お願いします。」→ **Yes, please.**
「いいえ，結構です。」→ **No, thank you.**

▶ **What shall I** do next**?**

（次に**何をしましょうか**。）

関連 Shall we ～?（～しましょうか。）▶▶ p.66

#288 Sounds fun.

楽しそうですね。

よく出る I'm going to go to the beach next week. — **Sounds fun.**

（私は来週ビーチへ行く予定です。— **楽しそうですね。**）

相手の発言や提案を聞いて，「楽しそう」というときに使われる。That sounds fun. の That が省略された形。会話ではよく省略される。

丸暗記 **That sounds like fun.**

（**それは楽しそうですね。**）

(That) Sounds like fun. の形で使われることもある。この like は「～のように」という意味の前置詞。▶▶ p.124

関連 Sounds good.（よさそうですね。）▶▶ p.79

289

all day

一日中

よく出る I watched TV **all day** in my room.

（私は**一日中**部屋でテレビを見ました。）

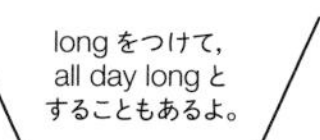

long をつけて，
all day long と
することもあるよ。

▶ They worked very hard **all day long**.

（彼らは**一日中**とても熱心に働きました。）

▶ That restaurant is open **all night**.

（あのレストランは**一晩中**営業しています。）

all night で**「一晩中」**という意味。

290

be ready for ～

～の用意ができている

よく出る **Are** you **ready for** the next class?

（次の授業**の用意ができていますか**。）

▶ If we do evacuation drills, we can **be ready for** natural disasters.

（避難訓練をすれば，自然災害**に備える**ことができます。）

「～に備える」という意味でも使われる。

関連 be ready to ～ （～する用意ができている） ▶▶ p.129

291

change trains

電車を乗りかえる

よく出る Where should I **change trains**?

（私はどこで**電車を乗りかえる**べきですか。）

trains と複数形にすることに注意。

\# 292

go away　立ち去る

よく出る Susan smiled at me and **went away**.
（スーザンは私にほほえみ，そして**立ち去りました**。）

▶ “**Go away!**” cried the girl.
（「**あっちへ行って！**」とその女の子は大声で言いました。）

つきまとってくる人や虫などを追い払うときにいう。

\# 293

go through ～　～を通り抜ける

よく出る The bus **went through** the town.
（バスは町**を通り抜けました**。）

難関 Emma wants to **go through** her school life the way most students **go through** it.
（エマは大部分の生徒たちが**経験する**ような学生生活を**経験し**たいと思っています。）

go through ～ には「～を経験する，（～な生活）を送る」という意味もある。

関連 go by　（〈時間が〉過ぎる，通り過ぎる） ▶▶ p.183

\# 294

have no idea　わからない，知らない

よく出る What is she doing? — **I have no idea.**
（彼女は何をしているのですか。— **わかりません。**）

I don’t know. や I’m not sure. もほぼ同じ意味を表す。

▶ I **have no idea** what he is thinking.
（私は彼が何を考えているのか**わかりません。**）

295

in need

困っている

I joined a volunteer group and helped people **in need**.
（私はボランティア団体に参加し，**困っている**人たちを助けました。）

この need は「困った事情，貧困」という意味の名詞。

A friend in need is a friend indeed.
（困ったときの友こそ真の友。）
ということわざもあるよ。

296

suffer from ～

～に苦しむ，
（病気）にかかる

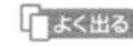

Some people were **suffering from** hunger.
（飢え**に苦しんでいる**人たちもいました。）

▶ Many people in this area **suffered from** a serious disease.
（この地域では多くの人が深刻な病気**にかかりました**。）

297

take out ～

～を取り出す

よく出る Jim **took out** a map from his bag.
（ジムはかばんから地図**を取り出しました**。）

▶ My father **took** me **out** for a drive.
（父が私**を**ドライブへ**連れ出してくれました**。）

「(人)を連れ出す」という意味でも使われる。
目的語が me などの代名詞のときは，take me out の語順になる。

298

write down ～

～を書きとめる

よく出る The students **wrote down** the sentence.
（生徒たちはその文**を書きとめました**。）

▶ Look at the blackboard. **Write this down.**
（黒板を見て。**これを書きとめなさい。**）

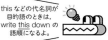

this などの代名詞が目的語のときは，write this down の語順になるよ。

299

go for ～

～を買いに行く

よく出る Why don't we **go for** lunch?
（昼食**を買いに行き**ませんか。）

注意 I **go for a walk** every morning.
（私は毎朝**散歩に行きます**。）

「～をしに出かける」「～を取りに行く」という意味でも使われる。

300

What else?

ほかに何かありますか。

よく出る Oh, you went to the beach. **What else?** — I saw fireworks.
（わあ，あなたはビーチへ行ったのですね。**ほかには何かありますか。**
— 花火を見ました。）

相手に話の続きをうながすときに使われる。

注意 **What else** can we do for the earth**?**
（私たちは地球のために**ほかに何か**できますか。）

〈What else＋疑問文～?〉の形でも使われる。

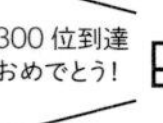

300 位到達
おめでとう！

301

at the age of ～

～歳のときに

 Joe visited Japan for the first time **at the age of** twenty.

（ジョーは 20 **歳のときに**初めて日本を訪れました。）

この age は「年齢」という意味。Joe visited Japan for the first time when he was twenty. と書きかえることもできる。

302

come up with ～

～を思いつく

よく出る I **came up with** a good idea to make the future better.

（私は未来をよりよくするためのいい考え**を思いつきました**。）

▶ Ms. Hill **came up with** a unique solution to the problem.

（ヒルさんはその問題に対するユニークな解決策**を思いつきました**。）

idea（考え），**invention**（発明），**solution**（解決策）などといっしょに使われることが多い。

注意 Robert **came up to** us and waved his hand.

（ロバートは私たち**に近づく**と，手を振りました。）

come up **to** ～は「～に近づく，やって来る」という意味。

303

See you later.

じゃあまたあとで。

よく出る I have to go now. **See you later.**

（私はもう行かなければなりません。**じゃあまたあとで。**）

別れるときのあいさつとして使われる。

関連 See you. （またね。） ▶▶ p.53

#304 ask A for B

A に B を頼む

よく出る I sent Meg an e-mail to **ask** her **for** help.

（私はメグ**に**助け**を頼む**ために彼女にメールを送りました。）

上の例文は，I sent Meg an e-mail to **ask for** her help. と書きかえることもできる。p.126

▶ Jack **asked** me **for** another **favor**.

（ジャックは私**に**別の**お願いをしました。**）

favor は「お願い，親切な行為」という意味。

#305 be surprised at ～

～に驚く

よく出る I **was surprised at** what she said.

（私は彼女が言ったこと**に驚きました。**）

▶ She **was** so **surprised at** the news that she couldn't say anything.

（彼女はその知らせ**に**とても**驚いた**ので，何も言うことができませんでした。）

#306 clean up ～

～をかたづける，
～をきれいにそうじする

よく出る Have you **cleaned up** your room yet?

（あなたはもう自分の部屋**をかたづけました**か。）

この up は「すっかり，完全に」という意味。

▶ We have to **clean up** the river.

（私たちは川**をきれいにそうじし**なければなりません。）

#307

turn into ～

～になる，～に変わる

よく出る The witch cast a spell and the prince **turned into** a frog.
（魔女が呪文をかけると，王子様はカエル**になりました。**）

注意 Heat **turns** ice **into** water.
（熱は氷**を**水**に変えます。**）

turn A into B の形でも使われる。「A を B に変える」という意味。

#308

a large amount of ～

多くの量の～

よく出る This old air conditioner uses **a large amount of** electricity.
（この古いエアコンは**多くの量の**電気を使用します。）

あとには**数えられない名詞**がくる。

▶ My father always puts **a small amount of** butter in curry.
（私の父はいつもカレーには**少量の**バターを入れます。）

関連 a large number of ～　（多数の～）▶▶ p.173

#309

after all

結局

よく出る That became a good experience **after all**.
（**結局**，それはいい経験になりました。）

▶ A lot of people helped me.　**After all**, life isn't so bad.
（多くの人が私を助けてくれました。**やはり**，人生そんなに捨てたものじゃないです。）

前の文が根拠となって，**「やはり」**という意味でも使われる。

関連 in the end　（ついに，最後は）▶▶ p.108

310 take a rest

ひと休みする

よく出る We **took a rest** after soccer practice.
(サッカーの練習のあと，私たちは**ひと休みしました。**)

このrestは名詞で，「休憩，休息」という意味。

▶ Shall we **take a break** under that tree?
(あの木の下で**ひと休みし**ませんか。)

take a breakも同じ意味を表す。このbreakは「休憩，休み時間」という意味の名詞。

311 get out of ～

～から降りる，
～から外へ出る

よく出る We **got out of** the taxi and walked to the park.
(私たちはタクシー**から降りて**，公園まで歩きました。)

▶ I shouted, "**Get out of** my field."
(私は，「私の畑**から出ろ。**」と叫びました。)

312 get ready

準備をする

よく出る My mother told me to **get ready**.
(母は私に**準備をする**ように言いました。)

注意 Let's **get ready to** go home.
(家に帰る**準備をし**ましょう。)

〈to＋動詞の原形〉が続くと**「～する準備をする」**，**for**が続くと**「～の準備をする」**という意味になる。

313

not ～ any more　これ以上～ない，今はもう～ない

よく出る I'm **not** going to wait **any more**.
（私は**これ以上**待つつもりはあり**ません**。）

▶ I **don't** take piano lessons **any more**.
（私は**今はもう**ピアノのレッスンを受けて**いません**。）

▶ I **can't** run **any more**.
（私は**これ以上**走れ**ません**。/ 私は**今はもう**走れ**ません**。）

前後の文脈から，どちらの意味なのか判断が必要な場合もある。

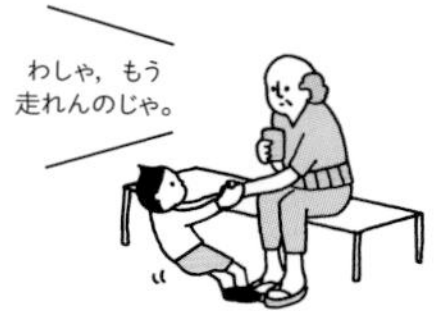

314

relate A to B　A を B に関係させる

よく出る Some people **relate** hunger **to** the food waste problem.
（飢え**を**食品廃棄物問題**に関係させる**人もいます。）

注意 I want to get a job that **is related to** animals in the future.
（私は将来，動物**に関係がある**仕事に就きたいと思っています。）

be related to ～の形で使われることも多い。「～に関係がある，～に関連がある」という意味。

▶ Mike **is related to** the famous baseball player.
（マイクは有名な野球選手**と親せきです**。）

「～と親せきである」という意味でも使われる。

#315 run away　走り去る，逃げる

よく出る When the boy saw Ms. Smith, he **ran away**.
（その少年はスミスさんを見ると，**走り去りました。**）

▶ He always **runs away from** difficult things.
（彼はいつも困難なこと**から逃げています。**）

from がつくと **「～から逃げる」** という意味になる。

#316 some more　もういくらか

よく出る Would you like **some more**?
（**もう少し**いかがですか。）

食べ物や飲み物などをすすめるときに使う表現。

▶ Can you tell me **some more** about ecosystem?
（生態系について**もう少し**教えてくれますか。）

#317 a pair of ～　1 組の～

よく出る I'm looking for **a pair of** shoes.
（私は **1 足の**靴をさがしています。）

次のような 2 つから成るものを数えるときに使う。
pants(ズボン), **scissors**(はさみ), **chopsticks**(はし)

▶ Ms. Hall bought **five pairs of chopsticks**.
（ホールさんは **5 膳(ぜん)のはし**を買いました。）

「2 組」以上の場合は，pair**s** of ～の形を使う。

318

Come on.

がんばって。, 元気を出して。, さあ。

よく出る **Come on.** We are almost there.
(**がんばって。** もうすぐ終わりますよ。)

▶ **Come on!** You're late.
(**さあ，急いで！** 遅れているわよ。)

関連 Come on in. (さあさあ，入って。)

319

each year

毎年

よく出る How many tourists come to Japan **each year**?
(**毎年**，何人の観光客が日本に来ますか。)

every year とほぼ同じ意味で使われる。

▶ **Each year**, a lot of plastic garbage is thrown away.
(**毎年**，多くのプラスチックごみが捨てられています。)

320

encourage A to ～

A に～するよう促す

よく出る Mr. Brown **encouraged** the students **to** make speeches in English.
(ブラウン先生は生徒たち**に**英語でスピーチを**するように促しました。**)

to のあとは動詞の原形がくる。

▶ What **encouraged** you **to** express your feelings?
(何があなた**に**自分の感情を表現する**ように促しました**か。[→あなたが感情を表現する気になったのはなぜですか。])

\# 321

not always ～

いつも～とは限らない

よく出る Our team **doesn't always** win first place.
(私たちのチームが**いつも**優勝する**とは限りません。**)

部分否定の文。×「私たちのチームはいつも優勝しません。」という意味ではないことに注意。

▶ It**'s not always** right to make the students study for many hours.
(生徒に何時間も勉強させることが**いつも**正しい**とは限りません。**)

▶ We **can't always** buy everything we want.
(私たちは**いつも**ほしいものをすべて買える**とは限りません。**)

\# 322

as you know

ご存じのように

よく出る **As you know**, our city is famous for its traditional festival.
(**ご存じのように**，私たちの市は伝統的なお祭りで有名です。)

相手もすでに知っている(と思われる)情報を伝えるときに使われる。
この as は「～のように」という意味。

▶ I bought a new shirt, and **as you know** from my phone call, I left it on the train.
(私は新しいシャツを買いましたが，電話で**ご存じのように**，それを電車に置き忘れました。)

文頭で使われることが多いが，文の途中で使われることもある。

関連 you know (ねえ，～だよね) ▶▶ p.116

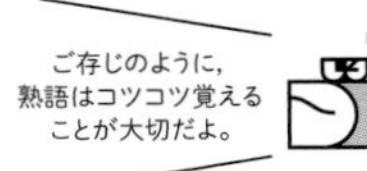

ご存じのように，
熟語はコツコツ覚える
ことが大切だよ。

323

be over

終わる

よく出る When the game **was over**, it began to rain.

（試合が**終わる**と，雨が降り始めました。）

この **over** は**「終わって」**という意味。

▶ The meeting will **be over** at 5:30.

（会議は 5 時 30 分に**終わる**でしょう。）

324

focus on ～

～を重点的に取り扱う

よく出る We decided to **focus on** environmental issues.

（私たちは環境問題**を重点的に取り扱う**ことに決めました。）

注意 I **focused on studying** English when I was a student.

（私は学生のときは，英語を**勉強することに重点を置きました**。）

on のあとに動詞がくるときは **ing 形**にする。

325

say hello to ～

～によろしくと言う

よく出る **Say hello to** your parents.

（あなたのご両親**によろしくと言って**ください。）

注意 I'm sad to **say goodbye to** everyone.

（みなさん**にさようならを言う**のは悲しいです。）

say goodbye to ～で**「～にさようならを言う」**という意味。

関連 say hi to ～　（～によろしくと言う）

#326

take ～ away

～を持ち去る

よく出る A crow **took** my hat **away**.

(カラスが私の帽子**を持ち去りました**。)

▶ Please **take** the dishes **away**.

(お皿**を下げて**ください。)

「お皿を持ち去る」→「お皿を下げる，お皿をかたづける」ということ。

#327

the other day

先日

よく出る I met Ms. Brown **the other day**.

(私は**先日**，ブラウン先生に会いました。)

ふつう，**過去の文**で使われる。

▶ **The other day**, something interesting happened.

(**先日**，おもしろいことがありました。)

#328

Wait a minute.

ちょっと待ってください。

よく出る Can you come here? — **Wait a minute**, please.

(こちらに来てくれますか。— **ちょっと待ってください。**)

この a minute は「ちょっとの間，少しの間」という意味。

▶ Dinner is ready, Sarah. — **Just a moment.** I'm coming.

(夕食ができたよ，サラ。— **ちょっと待ってください。**今，行きます。)

Just a moment. ということもある。

関連 Just a moment. (ちょっと待ってください。) ▶▶ p.187

329

Why not?

どうしてですか。

よく出る Lucy can't come to our concert today. — Really? **Why not?**

（ルーシーは今日，私たちのコンサートに来られません。
— 本当？ **どうしてですか。**）

否定の文に対して，**理由を聞き返す**ときに使う。

注意 Let's go shopping. — **Why not?**

（買い物に行きましょう。— **そうしよう。**）

提案などに対しては，「なぜそうしないのですか？→**そうしよう。**」と**同意**する意味になる。

330

fill A with B

A を B でいっぱいにする

よく出る He **filled** the bucket **with** water.

（彼はバケツを水で**いっぱいにしました。**）

fill は「満たす，いっぱいにする」という意味。

▶ Her eyes **were filled with** tears.

（彼女の目は涙で**いっぱいでした。**）

be filled with ～で**「～でいっぱいである」「～で満たされる」**という意味。

331

in total

全体で，総計で

よく出る How much is it all together?
— That will be 50 dollars **in total**.

（全部でいくらになりますか。— **全体で** 50 ドルになります。）

332

It is time to ～.

～すべき時である。

よく出る You are eighteen now. **It is time to** be independent.
（あなたはもう 18 歳です。自立す**べき時です**。）

to のあとは動詞の原形が続く。

▶ Sam knew **it was time to** say goodbye.
（サムはさよならを言う**べき時だ**と知っていました。）

過去の文のときは It **was** time to ～. となる。

▶ It's already 7 o'clock. **It's time to** wake up.
（もう 7 時です。起きる**時間ですよ**。）

「～する（べき）時間である。」という意味でも使われる。

333

long ago

ずっと前に

よく出る This tool was used in Japan **long ago**.
（この道具は**ずっと前に**日本で使われていました。）

▶ **Long ago**, people thought the earth was flat.
（**昔は**，人々は地球は平らだと思っていました。）

注意 **A long time ago**, there was a big clock here.
（**ずっと前に**ここには大きな時計がありました。）

a long time ago もほぼ同じ意味で使われる。

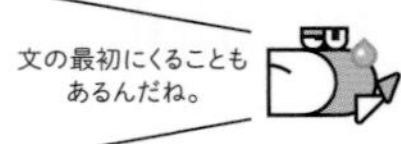

高校入試ランク　334位 ▶ 450位

超ハイレベル

この章に収録されているのは，難関校の入試で出題されるハイレベルな熟語です。高校入学後にも役立つ実用的な熟語ばかりですので，積極的に挑戦しましょう。

334

make a decision　決断する

よく出る **I need to make a decision about my future.**

（私は将来について**決断する**必要があります。）

「～について決断する」というときは **about** を使う。

▶ The students have **made the decision** to hold a school festival.

（生徒たちは文化祭を開催することを**決断しました**。）

上の例文のように決断する内容が決まっている場合には，make **the** decision となる。

関連 decide to ～　（～しようと決心する） ▶▶ p.22

335

one night　ある晩，ある夜

よく出る **One night**, John said to me, "I'm going to move next week."

（**ある晩**，ジョンは私に「来週，引っ越すんだ。」と言いました。）

この one は**「ある～」**という意味。

関連 one day　（ある日） ▶▶ p.30

336

right away　すぐに

よく出る You don't have to answer the question **right away**.

（あなたはその質問に**すぐに**答える必要はありません。）

関連 right now　（今すぐ，ただ今） ▶▶ p.109

at once　（すぐに）

#337

turn on ～

（明かりなど）をつける

よく出る I **turned on** the light when I entered my room.

（私は部屋に入ると電気**をつけました。**）

▶ Let's **turn** the radio **on** and listen to music.

（ラジオ**をつけて**，音楽を聞きましょう。）

turn ～ on の語順で使われることもある。

関連 turn off ～　（〈明かりなど〉を消す） ▶▶ p.130

#338

believe in ～

～の存在を信じる

よく出る Do you **believe in** heaven?

（あなたは天国**の存在を信じます**か。）

▶ We **believe in** each other.

（私たちはお互い**を信頼し合っています。**）

「～を信頼する」という意味でも使われる。

#339

bring back

持ち帰る

よく出る The garbage the climbers don't **bring back** with them is becoming a serious problem.

（登山者たちが**持ち帰ら**ないごみが深刻な問題になっています。）

⚠注意 Her song **brings back** happy memories of my school days.

（彼女の歌は私の学校時代の楽しい記憶**を思い出させます。**）

「～を思い出させる」という意味もある。

340 come out of 〜

～から出てくる

よく出る A brown rabbit **came out of** the hole.

（茶色いウサギが穴**から出てきました**。）

out of 〜は「〜から外へ」という意味。

▶ Sea turtles **come out of** the sea to lay eggs.

（ウミガメは卵を産むために海**から出てきます**。）

関連 come out （出てくる） ▶▶ p.122

341 try on 〜

～を試着する

よく出る I'd like to **try on** that pink shirt.

（あのピンクのシャツ**を試着し**たいのですが。）

丸暗記 **May I try it on?**

（**それを試着してもいいですか。**）

店で衣服などを試着したいときに，店員にいう言葉。
it などの代名詞が目的語のときは，try it on の語順になる。

342 after a while

しばらくして

よく出る **After a while**, it stopped raining.

（**しばらくして**，雨がやみました。）

while は**「しばらくの間」「少しの時間」**という意味。

関連 for a while （しばらくの間） ▶▶ p.113

343 fall asleep

寝入る

よく出る **Emma fell asleep** on the train because she was very tired.
（エマはとても疲れていたので，電車で**寝入ってしまいました。**）

fell は fall の過去形。

▶ I'm sure you'll forget bad things if you **fall asleep**.
（**寝入って**しまえば，あなたはきっと嫌なことは忘れますよ。）

344 get worse

悪化する

よく出る The situation of environmental pollution is **getting worse**.
（環境汚染の状況は**悪化して**います。）

worse は bad（悪い）の比較級。「より悪い状態になる」ということ。

▶ The weather suddenly **got worse** and I gave up climbing up the mountain.
（突然，天候が**悪化した**ので，私はその山に登るのをあきらめました。）

関連 get well （よくなる） ▶▶ p.166

345 in my opinion

私の意見では

よく出る **In my opinion**, young people should try new things.
（**私の意見では**，若い人たちは新しいことに挑戦するべきです。）

自分の考えを述べるときに使う。ほかの人の意見を伝えるときは，In **his** opinion, we need to save more water.（**彼の**意見では，私たちはもっと水を節約する必要があります。）のようになる。

基本レベル　標準レベル　高得点レベル　超ハイレベル

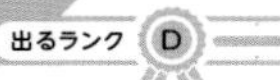

#346 take action
行動を起こす

よく出る **We need to take action for the future right now.**
（私たちは将来のために，今すぐ**行動を起こす**必要があります。）

ふつう，action の前に an をつけたり，複数形にしたりしない。

▶ **Taking action** will reduce plastic garbage.
（**行動を起こすこと**でプラスチックごみが減るでしょう。）

#347 That's why ～.
だから～だ。，
それが～した理由だ。

よく出る I really like K-pop. **That's why** I decided to live in Korea.
（私は K ポップが大好きです。**だから**韓国に住むことに決めました。）

why のあとは〈主語＋動詞 ～〉の文の形が続く。

難関 **That's the reason why** I missed the bus.
（**それが**私がバスに乗り遅れた**理由です**。）

That's the reason why ～. の形で使われることもある。

#348 a glass of ～
コップ 1 杯の～

よく出る Can I have **a glass of** water?
（**コップ 1 杯の**水をいただけますか。）

「コップ 2 杯の水」→ two glasses of water となる。

water（水），milk（牛乳）など glass で飲むものに使うよ。

関連 a cup of ～ （カップ 1 杯の～）

349 get into ～ （悪い状態）になる

よく出る They helped me when I **got into** difficulties.
（困難な状況**になった**とき，彼らが私を助けてくれました。）

注意 Lisa **got into** the car and drove to work.
（リサは車**に乗りこむ**と，車で仕事に行きました。）

車やタクシーなどの乗り物に**「乗りこむ」**という意味もある。

350 Guess what! あのね。，ねえねえ。

よく出る **Guess what!** I have good news.
（**あのね。**いい知らせがあるんだ。）

相手の注意をひくときに使う表現。

関連 you know （ねえ，～だよね） p.116

351 have a cold かぜをひいている

よく出る I think you **have a cold**.
（あなたは**かぜをひいている**と思います。）

have a cold → **「かぜをひいている」**という状態を表す。
catch a cold → **「かぜをひく」**という意味で，かぜにかかることを表す。 p.173

▶ I didn't go to school because I **had a bad cold**.
（私は**ひどいかぜをひいていた**ので，学校に行きませんでした。）

「ひどいかぜ」というときは，**a bad cold**と表す。

352
in season
食べごろで，旬で

よく出る We can get delicious fruit **in season** at that shop.
（あの店ではおいしい**食べごろの**果物が手に入ります。）

▶ Peaches are **in season** now.
（桃は今が**旬**です。）

353
in those days
そのころは，当時は

よく出る **In those days**, bananas were expensive.
（**そのころは**，バナナは高価なものでした。）

過去の文で使われる。

▶ The virus was not known **in those days**.
（**当時は**，そのウイルスは知られていませんでした。）

関連 these days （このごろ，最近） p.82

354
little by little
少しずつ

よく出る She ate the stew **little by little**.
（彼女は**少しずつ**そのシチューを食べました。）

関連 day by day （日ごとに） p.186

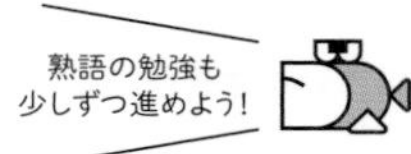

#355

ride on ～

～に乗る

よく出る Do you like to **ride on** a horse?

(あなたは馬**に乗る**ことが好きですか。)

馬や乗り物などに「乗る」というときに使う。

▶ I want to **ride in** a rocket someday.

(私はいつかロケット**に乗り**たいです。)

中に乗りこむ乗り物の場合は，**ride in ～** も使われる。

#356

turn around

ふりむく

よく出る Nancy **turned around** when someone tapped on her shoulder.

(だれかがナンシーの肩をたたいたとき，彼女は**ふりむきました**。)

関連 turn round (ふりむく)

#357

be about to ～

～しようとしている

よく出る **I'm about to** leave home.

(私はこれから家を出る**ところです**。)

「今まさに～しようとしている」という意味で，be going to ～ よりも差しせまった未来を表す。

▶ She **was about to** drink coffee when the phone rang.

(電話が鳴ったとき，彼女はコーヒーを飲**もうとしていました**。)

be 動詞は，主語と時(現在か過去か)によって使い分ける。

358

cheer ～ up

～を元気づける

よく出る **Ms. Ford's words cheered us up.**

Ms. Ford's words **cheered** us **up**.

（フォード先生の言葉は私たち**を元気づけました**。）

「～」には「人」を表す語句が入る。代名詞のときは目的格を使う。

cheer up の形でも使われるよ。
Come on, let's cheer up!（さあ，元気出していこう！）

359

get out

外に出る

よく出る Peter shouted, "**Get out** now!"

（ピーターは「今すぐ**外に出ろ**！」と叫びました。）

関連 get out of ～　（～から降りる，～から外へ出る）▶▶ p.144

360

hear from ～

～から連絡がある

よく出る I'm happy to **hear from** my friend in Australia.

（私はオーストラリアにいる友達**から連絡がある**とうれしいです。）

丸暗記 **I hope to hear from you soon.**

（近いうちにあなたから連絡がくるといいなと思います。／返事を待っています。）

手紙やメールなどで，結びの言葉として使われる。

関連 hear about ～　（～について聞く）▶▶ p.70

361

as hard as you can

できるだけ熱心に

よく出る You have to practice **as hard as you can**.

（あなたは**できるだけ熱心に**練習しなければなりません。）

as ～ as possible（できるだけ～）を使って，You have to practice **as hard as possible**. と書きかえることもできる。

▶ Mr. Brown ran **as fast as he could**.

（ブラウンさんは**できるだけ速く**走りました。）

過去の文のときは，can ではなく，**could** を使う。

362

be in trouble

困っている

よく出る Thank you for helping me when I **was in trouble**.

（私が**困っていた**ときに助けてくれてありがとうございました。）

この trouble は「困難，めんどうなこと」という意味。

丸暗記 **I'm in trouble.**

（私は困っています。）

363

by mistake

間違って

よく出る John broke the cup **by mistake**.

（ジョンは**間違って**カップを割ってしまいました。）

× by a mistake や，× by mistakes とはいわない。

わざとじゃないんだよ。

364 for sure

きっと，確かに

よく出る Mike wants to play video games **for sure**.

（マイクは**きっと**ゲームをしたがります。）

sure は「確信して，確かで」という意味。

▶ One thing is **for sure**: communicating with each other is important.

（1 つだけ**確かな**ことは，お互いにコミュニケーションを取ることは大切だということです。）

365 go along ～

～を進む

よく出る **Go along** this street and you'll find the hotel on your right.

（この通り**を進む**と，右側にそのホテルが見つかります。）

along は「～に沿って，～を通って」という意味。

難関 I'll **go along with** Emma on that point.

（その点については私はエマ**に賛同します**。）

go along with ～ は**「～に賛同する，～に協力する」**という意味。

366 on foot

徒歩で

よく出る I go to school **on foot** when the weather is nice.

（天気がよいときは私は**徒歩で**学校へ行きます。）

この on は方法や手段を表して「～で，（乗り物）に乗って」という意味。

関連 walk to ～ （～へ歩いていく） ▶▶ p.74

367

take over ～

～を引き継ぐ

よく出る My father wants me to **take over** the farm with my wife.

（父は私に妻といっしょに農場**を引き継いで**ほしいと思っています。）

難関 Robots may **take over** our jobs near future.

（近い将来，ロボットが私たちの仕事**を乗っ取る**かもしれません。）

「～を乗っ取る，～の支配権を得る」という意味もある。

368

at a time

一度に

よく出る Sea turtles lay about 100 eggs **at a time**.

（ウミガメは**一度に**約 100 個の卵を産みます。）

▶ How many people can take this plane **at a time**?

（この飛行機には**一度に**何人の人が乗れますか。）

369

from now on

これからはずっと

よく出る I'll study English every day **from now on**.

（**これからはずっと**私は毎日英語を勉強します。）

▶ **From now on**, I will thank my parents.

（**今後は**，私は両親に感謝します。）

関連 so far （今までのところは，これまでは） ▶▶ p.129

今の時点から未来に向けて，
その状態が継続することを表すよ。

#370

from the top

初めから

よく出る I watched the movie again **from the top**.

（私はその映画をもう一度**初めから**見ました。）

from the beginning もほぼ同じ意味で使われる。

注意 It was cloudy, so we couldn't see anything **from the top**.

（くもっていたので，私たちは**頂上から**何も見ることができませんでした。）

「頂上から」という意味で使われることもある。

#371

get well

よくなる

よく出る I hope you'll **get well** soon.

（私はあなたがすぐに**よくなる**ことを願っています。）

人が病気やけがなどから**「回復する，元気になる」**という意味。
この well は「健康で，元気で」という意味。

注意 Lisa's Japanese **is getting better**.

（リサの日本語は**よくなってきています**。）

get better の形で使われることもある。better は well の比較級で，
「(前よりも)もっとよくなる」という意味になる。

#372

go up to ～

～に近寄る，
～まで行く

よく出る I **went up to** the clock to check the time.

（私は時間を確認するために掛け時計**に近寄りました**。）

関連 go up （のぼる，上がる） ▶▶ p.96

373

I got it.

わかった。，了解。

よく出る Wash your hands before eating. — **I got it.**

（食べる前に手を洗って。— **わかった。**）

got は get の過去形。**I get it.** の形でも使われる。

▶ Do you understand? — **I get it.**

（わかりますか。— **わかりました。**）

関連 I see. （わかった。，なるほど。） p.20

374

move on

進む，移る

よく出る Now, let's **move on** to the next topic.

（さあ，次の話題に**進み**ましょう。）

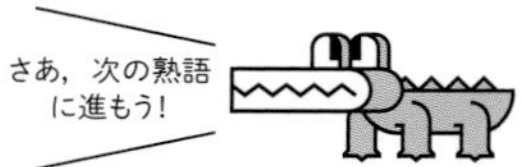

375

put up ～

～を掲示する，
～を上げる

よく出る We **put up** a sign that said "KEEP AWAY."

（私たちは「立ち入り禁止」と書いた標識**を掲示しました。**）

▶ Where should I **put up the tent**?

（どこに**テントを張れ**ばよいですか。）

テントを**「張る」**という意味でも使われる。

関連 put down ～ （～を下に置く）

put up with ～ （～をがまんする）

376

set up ～

～を建てる，
～を設立する

よく出る We **set up** a monument near the lake.

（私たちは湖の近くに記念碑**を建てました。**）

set は不規則動詞。set-set-set と変化する。

▶ Our company **was set up** in 2000.

（私たちの会社は 2000 年に**設立されました。**）

377

a little bit

少し，ちょっと

よく出る You look **a little bit** tired.

（あなたは**少し**疲れているように見えます。）

a bit の形でも使われる。意味は同じ。

▶ I need **a little bit of** time to answer this question.

（この問題に答えるには**少し**時間が必要です。）

a little bit of ～ で**「少しの～」**という意味。

378

be in danger of ～

～の危険にさらされている

よく出る Some wild animals **are in danger of** extinction.

（野生動物の中には絶滅**の危険にさらされている**ものもいます。）

be は主語と時（現在か過去か）によって使い分ける。

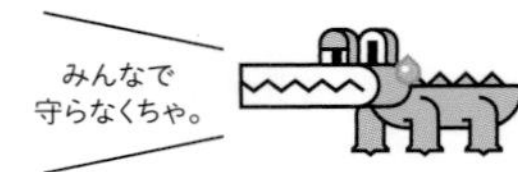

#379 change into ～

～に着替える

よく出る He entered his room and **changed into** his pajamas.
（彼は部屋に入ると，パジャマ**に着替えました**。）

▶ After a while, the rain **changed into** snow.
（しばらくすると，雨は雪**に変わりました**。）

「～に変わる」という意味でも使われる。

注意 They are working to **change** deserts **into** green fields.
（彼らは砂漠**を**緑の野原**に変える**ために働いています。）

change A into B の形で使われることもある。「A を B に変える」という意味。

#380 die out

絶滅する

よく出る It is said that the dodo **died out** in 1681.
（ドードーは 1681 年に**絶滅した**と言われています。）

関連 die of ～ （～で死ぬ） p.177

#381 disagree with ～

～と意見が合わない

よく出る Mia sometimes **disagrees with** her father.
（ミアはときどき父親**と意見が合いません**。）

▶ The people in this town **disagreed with** the project to build a shopping mall.
（この町の人々はショッピングモールを建てる計画**に反対しました**。）

with のあとに**計画や提案**がくると**「～に反対する」**という意味になる。

関連 agree with ～ （～に同意する） p.58

382

due to ～

～のために

よく出る The plane couldn't take off **due to** heavy snow.

(飛行機は大雪**のために**離陸できませんでした。)

難関 Her illness **was due to** stress.

(彼女の病気はストレス**が原因でした。**)

> **be due to ～** の形で使われると，**「～が原因である，～のせいである」**という意味になる。

関連 because of ～　(～のために) ▶▶ p.38

383

feel like eating

食べたい気がする

よく出る I **feel like eating** pizza now.

(私は今，ピザを**食べたい気がします。**)

> feel like のあとに動詞がくるときは **ing** 形にする。

▶ I **felt like a princess** when I wore a beautiful dress.

(私は美しいドレスを着たとき，**お姫様のような気分でした。**)

> feel like のあとに**名詞**がくることもある。「～のような気がする」という意味。

384

figure out ～

～を理解する

よく出る I couldn't **figure out** Japanese at first.

(私は最初，日本語**を理解する**ことができませんでした。)

▶ Novels will help us **figure out** what life is all about.

(小説は人生とは何か**を理解する**手助けになるでしょう。)

#385

first of all

まず第一に

よく出る **First of all**, I want you to know about this problem.

（**まず第一に**，私はあなたにこの問題について知ってもらいたいのです。）

first（最初に）を強めた言い方で，文の最初におかれることが多い。順序立てて説明するときなどに使われる。

関連 at first　（最初は） p.52

#386

in case of ～

～の場合には

よく出る We should know what to do **in case of** an earthquake.

（地震**の場合には**，何をしたらよいか私たちは知っておくべきです。）

この case は「場合」という意味。We should know what to do if there is an earthquake. と書きかえることもできる。

▶ **In case of** rain, the fireworks festival will be put off until tomorrow.

（雨**の場合には**，花火大会は明日まで延期されます。）

#387

in line

1 列に並んで

よく出る A lot of people were waiting **in line** in front of the shop.

（たくさんの人がお店の前に **1 列に並んで**待っていました。）

この line は「列，行列」という意味。

#388 stay away from ～

～に近づかない，～から離れている

よく出る My parents told me to **stay away from** dangerous places.
（両親は私に危ない場所**に近づかない**ように言いました。）

▶ Do you know why Tina **stayed away from school** for a week?
（あなたはなぜティナが 1 週間**学校を休んだ**のか知っていますか。）

「学校に近づかないでおく」→「学校や授業などを休む」という意味もある。

#389 stay up

（寝ないで）起きている，夜ふかしする

よく出る Mike **stayed up** late last night.
（マイクは昨夜，遅くまで**起きていました**。）

注意 I **stayed up all night** to play online games.
（私はオンラインゲームをするために**徹夜しました**。）

stay up all night は「一晩中寝ないで起きている」→**「徹夜する」**という意味。

#390 write back

返事を書く

よく出る I'm going to **write back** to John.
（私はジョンに**返事を書く**つもりです。）

▶ Please **write me back**.
（**私に返事を書いて**ください。）

write ～ back の形で使われることもある。

関連 write to ～ （～に手紙［メール］を書く）

391
a large number of ～
多数の～

よく出る **A large number of** people went to see the soccer game.
（**多数の**人たちがそのサッカーの試合を見に行きました。）

a large number of のあとは，複数を表す名詞や名詞の複数形がくる。

関連 a great number of ～　（多数の～）
a number of ～　（いくつかの～，たくさんの～）

392
bring up ～
～を育てる

よく出る It is not easy to **bring up** children.
（子ども**を育てる**ことは簡単ではありません。）

▶ Liz **was brought up** as an only child.
（リズは１人っ子として**育てられました**。）

bring は不規則動詞で，**bring - brought - brought** と変化する。

関連 grow up　（大人になる，成長する）▶▶ p.99

393
catch a cold
かぜをひく

よく出る If you walk in the rain for hours, you'll **catch a cold**.
（何時間も雨の中を歩けば，**かぜをひく**でしょう。）

「かぜにかかる」ということを表す。

▶ I **caught a bad cold** and couldn't go to school.
（私は**ひどいかぜをひいた**ので，学校へ行けませんでした。）

関連 have a cold　（かぜをひいている）▶▶ p.159

#394 enjoy myself

楽しく過ごす，楽しむ

よく出る I really **enjoyed myself** at the beach.
（私はビーチで本当に**楽しく過ごしました。**）

注意 Welcome to my house, Lisa. **Enjoy yourself.**
（わが家へようこそ，リサ。**楽しんでね。**）

～self の部分は主語によって使い分ける。
I のとき → enjoy **myself**　you（単数）のとき → enjoy **yourself**
he のとき → enjoy **himself**　she のとき → enjoy **herself**

#395 for now

今のところは

よく出る I'm enjoying staying in Los Angeles **for now**.
（私は**今のところは**，ロサンゼルスでの滞在を楽しんでいます。）

丸暗記 **Bye for now.**
（**じゃあまたね。**）

別れるときのあいさつ。「今のところはさようなら。」という意味で，近いうちに会うことが想定されている。

関連 from now on （これからはずっと） p.165

#396 have a fever

熱がある

よく出る I **had a fever** last night, so my father took care of me all night.
（私は昨夜**熱があった**ので，父が一晩中世話をしてくれました。）

「**高熱がある**」なら，**have a high fever** という。

397 keep in touch 連絡を取り合う

よく出る I hope we can **keep in touch.**
(これからも**連絡を取り合い**たいな。)

▶ We talked about how to **keep in touch with** family members in an emergency.
(私たちは緊急のときにどうやって家族**と連絡を取り合う**かについて話しました。)

keep in touch with ～ で **「～と連絡を取り合う」** という意味。

398 not A but B AではなくてB

よく出る My cousin is **not** a scientist **but** a doctor.
(私のいとこは科学者**ではなくて**医師です。)

▶ I made a sweater **not** for my father **but** for my grandfather.
(私は父のために**ではなく**，祖父のためにセーターを作りました。)

399 one by one 1人ずつ，1つずつ

よく出る Please introduce yourself **one by one** in turn.
(**1人ずつ**順番に自己紹介してください。)

▶ I'll tell you the steps in the process **one by one**.
(あなたがたに手順を**1つずつ**教えます。)

関連 one after another　(次々に)

400 stand for ～

（略語などが）～を表す

よく出る NBA **stands for** National Basketball Association.
（NBA は National Basketball Association **を表します**。）

▶ What does "SDGs" **stand for**?
— It **stands for** Sustainable Development Goals.
（SDGs とは何**の略です**か。— Sustainable Development Goals［持続可能な開発目標］**の略です**。）

401 the day after tomorrow

あさって，明後日

よく出る Why don't we go fishing **the day after tomorrow**?
（**あさって**釣りに行きませんか。）

the day after ～ は「～の次の日」という意味。the day after tomorrow は「明日の次の日」→「あさって，明後日」ということ。

関連 the day before yesterday　（おととい，一昨日）

402 What's wrong?

どうしたのですか。

よく出る You don't look well.　**What's wrong?**
（あなたは具合が悪そうですね。**どうしたのですか。**）

具合が悪そうな人などに，**様子をたずねる**ときに使う。

関連 What's the matter?　（どうしたのですか。）▶▶ p.125
What's the problem?　（どうしたのですか。）

#403

be satisfied with ～

～に満足する

よく出る **I'm satisfied with** the results of the English test.

(私は英語のテストの結果**に満足しています。**)

satisfy は **「満足させる」** という意味。

▶ The members of the dance team **were satisfied with** their performance.

(ダンス部のメンバーたちは自分たちの演技**に満足しました。**)

be 動詞は主語と時(現在か過去か)によって形を使い分ける。

#404

die of ～

～で死ぬ

よく出る My dog **died of** cancer last month.

(私の犬は先月，がん**で死にました。**)

注意 In the past, many people **died from** hunger.

(昔は，多くの人が飢え**で死にました。**)

die of ～ も **die from ～** も **「～で死ぬ」** という意味。

#405

eat out

外食する

よく出る I **ate out** with my host family every day during my homestay.

(私はホームステイ中は毎日，ホストファミリーと**外食しました。**)

▶ In this country, it is common to **eat out** for breakfast.

(この国では，朝食は**外食する**のが一般的です。)

関連 go out for dinner　(夕食を食べに出かける)

406 get away
逃げる

よく出る They **got away** from a bear that was running after them.
（彼らは，彼らを追いかけていたクマから**逃げました**。）

▶ The news said a penguin **got away** from the aquarium.
（ペンギンが水族館から**逃げた**とニュースで言っていました。）

関連 run away （走り去る，逃げる） p.146

407 Hold on, please.
[電話で]お待ちください。

よく出る May I speak to Bob, please?
— Sure. **Hold on, please.**
（ボブをお願いします。— はい。**お待ちください。**）

hold on は**「電話を切らないでおく」**という意味。

「電話を切らずに
待っていてください」
ということなんだね。

▶ I'd like to speak to Ms. Miller.
— **Hang on** a second, please.
（[電話で]ミラーさんをお願いしたいのですが。— ちょっと**待ってください。**）

hang on も「電話を切らずに待つ」という意味。

関連 hang up （電話を切る）

408 make fun of ～
～をからかう

よく出る I was angry because he **made fun of** me.
（彼が私**をからかった**ので私は怒りました。）

▶ Don't **make fun of** someone's mistake.
（人の間違い**をからかって**はいけません。）

\# 409

make up my mind

決心をする

よく出る I haven't **made up my mind** yet.

（私はまだ**決心をして**いません。）

注意 My father **made up his mind to buy** a new car.

（私の父は新しい車を**買う決心をしました。**）

〈to＋動詞の原形〉が続くと，**「～する決心をする」**という意味になる。

関連 decide to ～　（～しようと決心する） p.22

change my mind　（決心を変える，気が変わる）

\# 410

My pleasure.

どういたしまして。

よく出る Thank you for the advice. — **My pleasure.**

（アドバイスをありがとう。— **どういたしまして。**）

お礼を言われたときに使う決まった表現。**It's my pleasure.** ということもある。

関連 You're welcome.　（どういたしまして。） p.71

\# 411

take a look at ～

～をちょっと見る

よく出る Please **take a look at** the following example.

（次の例を**ちょっと見て**ください。）

▶ I'll send you a funny picture.　**Take a look.**

（あなたにおもしろい写真を送るね。**ちょっと見てみて。**）

take a look の形でも使われる。

412

be afraid to ～

～するのがこわい

よく出る I **was afraid to** take a bath alone when I was little.

(私は小さいころ１人でおふろに入る**のがこわかったです。**)

to のあとは**動詞の原形**が続く。また，be 動詞は主語と時(現在か過去か)によって形を使い分ける。

関連 be afraid of ～ (～をこわがる，～をおそれる) p.82

413

check ～ out

～を調べる

よく出る I don't know much about the SDGs. I'll **check** them **out** on the internet.

(私は SDGs についてあまりよく知りません。
私はインターネットでそれ**を調べる**つもりです。)

Check it out! は「要チェックだよ！」とか「見てね！」などの意味だよ。

414

deal with ～

～に対処する，
～を扱う

よく出る You need to **deal with** the hot weather if you live in India.

(インドに住むなら暑い気候**に対処する**必要があります。)

注意 We are going to **deal with** American companies.

(私たちはアメリカの企業**と取り引きをする**予定です。)

会社などが**「～と取り引きをする」**という意味でも使われる。

415

fall off ～

～から落ちる

よく出る Be careful not to **fall off** the stage.

（ステージ**から落ち**ないように気をつけなさい。）

▶ A handout **fell off** the desk.

（1 枚のプリントが机**から落ちました。**）

fall は不規則動詞で，**fall - fell - fallen** と変化する。

関連 fall down （倒れる，落ちる） ▶▶ p.134

416

get over ～

～を乗りこえる

よく出る I'm sure you will be able to **get over** the difficulties.

（あなたなら困難**を乗りこえる**ことができると私は確信しています。）

▶ What can we do to **get over** the differences?

（私たちは違い**を乗りこえる**ために何ができますか。）

417

How do you like ～?

～はいかがですか。

よく出る **How do you like** Japan**?**

（日本**はいかがですか**。）

相手に感想をたずねるときに使う。

いい国だと思うよ。

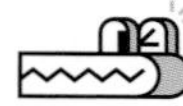

▶ **How do you like** this sweater**?**

— I don't like the color.

（このセーター**はいかがですか。**

— 私はその色が好きではありません。）

#418 keep on watching　見守り続ける

よく出る I have a wish to **keep on watching** my children.
（私には自分の子どもたちを**見守り続ける**という願いがあります。）

on のあとには動詞の ing 形が続く。keep watching よりも意味が強く，「しつこく～する」という意味を含むこともある。

▶ My mother **kept on telling** me to study.
（母は私に勉強するように**しつこく言い続けました。**）

関連 keep trying　（努力し続ける）▶▶ p.40

#419 name A after B　B にちなんで A と名づける

よく出る Jane **named** her dog “Jin” **after** her favorite singer.
（ジェーンは大好きな歌手**にちなんで**犬を「ジン」**と名づけました。**）

▶ Teddy Bear **was named after** the President of the United States.
（テディベアはアメリカの大統領**にちなんで名づけられました。**）

受け身の形で使われることが多い。

#420 Not bad.　なかなかいいです。

よく出る How was your trip? ─ **Not bad.**
（旅行はどうでしたか。─ **なかなかよかったです。**）

注意 How are you? ─ **Not so bad.**
（元気ですか。─ **まあまあです。**）

Not so bad. は「それほど悪くない。」→「まあまあ。」という意味。

421 pass by

通り過ぎる,
(時間が) 過ぎる

よく出る Some people **passed by** without saying anything when I greeted them.
(私があいさつをしたとき，何も言わずに**通り過ぎる**人もいました。)

▶ Many years **passed by** and the tree in the yard grew taller.
(長い年月が**過ぎ**，庭の木は大きくなりました。)

422 go by

(時間が) 過ぎる,
通り過ぎる

 Five years **went by** after I graduated from college.
(私が大学を卒業してから 5 年が**過ぎました。**)

▶ A red car **went by** in front of me.
(1 台の赤い車が私の前を**通り過ぎました。**)

Time goes by fast.
時がたつのは早いなあ。

関連 go through ～ (～を通り抜ける) ▶▶ p.138

423 run out of ～

～を使い果たす

よく出る Chris **ran out of** money, so he couldn't buy anything.
(クリスはお金**を使い果たした**ので，何も買えませんでした。)

▶ My smartphone **is running out of** battery.
(私のスマホの電池**がなくなってきています。**)

「～がなくなる」という意味でも使われる。進行形で使われると，「なくなりつつある」ということを表す。

基本レベル 標準レベル 高得点レベル 超ハイレベル

424 succeed in climbing

登ることに成功する

よく出る They finally **succeeded in climbing** Mt. Everest.

（彼らはついにエベレスト山に**登ることに成功しました**。）

in のあとには**動詞の ing 形**が続く。

難関 Ms. Brown **succeeded in** business.

（ブラウンさんは事業**で成功しました**。）

in のあとに動詞の ing 形ではなく，**名詞**がくることもある。

425 a variety of ～

さまざまな～，いろいろな～

よく出る Japan has **a variety of** traditional events.

（日本には**さまざまな**伝統行事があります。）

注意 We can get **a wide variety of** information from our smartphones.

（私たちはスマホから**幅広い種類の**情報を得ることができます。）

a wide variety of ～ で「幅広い種類の～」という意味。

426 as for ～

～について言えば

よく出る **As for** me, it has been a valuable experience since I came here.

（私**について言えば**，ここに来てからよい経験をしました。）

▶ We went to the beach last week. **As for** the roads, they were not crowded.

（私たちは先週ビーチへ行きました。道路**について言えば**，混雑していませんでした。）

\# 427

ask you a favor　あなたにお願いをする

よく出る **May I ask you a favor?**

（あなたにお願いがあるのですが。）

相手に頼みごとがあるときに使う，決まった言い方。
May I ask a favor of you? や **Could you do me a favor?** という言い方もある。

\# 428

climb up ～　～を登る，～をよじ登る

よく出る Bill **climbed up** the ladder and took an apple from the tree.

（ビルははしご**を登り**，木からリンゴを１つ取りました。）

climb up the ladder には「出世する」という意味もあるんだって。

\# 429

day and night　昼も夜も

よく出る He is thinking about soccer **day and night**.

（彼は**昼も夜も**サッカーのことを考えています。）

「昼も夜も休みなくずっと」ということ。

関連 all day　（一日中） p.137

430
day by day
日ごとに

よく出る It's getting hotter **day by day** these days.
（最近，**日ごとに**暑くなってきています。）

注意 The dog came here **day after day** and waited for its owner.
（その犬は**来る日も来る日も**ここへ来て，飼い主を待ちました。）

day after day は「来る日も来る日も」という意味。

431
get down
かがむ，伏せる

よく出る A police officer shouted, "**Get down**!"
（警察官は「**伏せろ**！」と叫びました。）

注意 I was waiting for an elevator to **get down** to the 1st floor.
（私は１階まで**降りる**ためにエレベーターを待っていました。）

「(高い所から)降りる」という意味もある。

432
hold on to ～
～にしっかりつかまる，～にしがみつく

よく出る We **held on to** the rope as we climbed the hill.
（私たちはロープ**にしっかりつかまり**ながら，丘を登りました。）

hold は不規則動詞で，**hold - held - held** と変化する。

難関 One of the functions of the brain is to **hold on to** memories.
（脳の働きの１つは記憶を**もち続ける**ことである。）

「(考えなど)をもち続ける」という意味もある。

433

How's everything?　調子はどうですか。

よく出る **How's everything?** — Good.
（**調子はどうですか。** — いいよ。）

直訳すると「すべてはどんな具合ですか。」という意味。近況をたずねるときに使われるあいさつ。

注意 **How's everything going?** — Everything is fine.
（**調子はどうですか。** — すべて順調だよ。）

How's everything going? も同じ意味で使われる。

434

Just a moment.　ちょっと待ってください。

よく出る May I speak to Jill, please? — **Just a moment.**
（［電話で］ジルをお願いできますか。 — **ちょっとお待ちください。**）

電話の場面で使われることが多い。**Just a minute.** も同じ意味で使われる。ほかに，**Wait a moment.** や **Wait a minute.** ということもある。

関連 Wait a minute.　（ちょっと待ってください。）p.150

435

pass down ～　～を伝える

よく出る We have to **pass down** our traditions and history to the next generation.
（私たちは次の世代に伝統や歴史**を伝え**なければなりません。）

知識や情報などを「伝える」「渡す」という意味。

▶ This knowledge **was passed down** from generation to generation.
（この知識は代々**伝えられました。**）

436

play catch

キャッチボールをする

よく出る Tom often **plays catch** with his son.

（トムは彼の息子とよく**キャッチボールをします**。）

この catch は動詞ではなく，「キャッチボール」という意味の名詞。× play catch ball とはいわない。

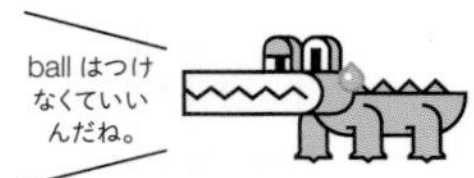

437

up until ～

～まで

よく出る The number of visitors to our zoo kept going **up until** 2020.

（当動物園への来園者数は2020年**まで**増え続けました。）

関連 up to ～　（～まで） ▶▶ p.85

438

be free to ～

自由に～することができる

よく出る You **are free to** link our website.

（私たちのウェブサイトへは**自由に**リンク**させることができます**。
［→当ウェブサイトはリンクフリーです。］）

注意 If you have any questions, please **feel free to** ask me.

（何か質問があれば，**自由に**［→遠慮しないで］私にたずね**てください**。）

feel free to ～ で「自由に～してよい，自由に～することができる」という意味。

\# 439

for one thing

1 つには

よく出る Bamboo is a useful material. **For one thing,** bamboo grows very fast.

（竹は便利な素材です。**1 つには**竹はとても早く成長します。）

理由を述べるときに使われる。

\# 440

go on a trip to ～

～へ旅行に出かける

よく出る I'm going to **go on a trip to** Nagoya next month.

（私は来月，名古屋**へ旅行に出かける**予定です。）

▶ Let's **go on a picnic to** the park.

（公園**へピクニックに行き**ましょう。）

go on a picnic (to ～)で「(～へ)ピクニックに出かける」という意味。

関連 take a trip to ～　（～に旅行する）

\# 441

hand out ～

～を配る

よく出る Can you **hand out** these cards to each student?

（それぞれの生徒にこのカード**を配って**くれますか。）

プリントやチラシ，書類などを「配る」というときに使う。
この hand は動詞で「手渡す」という意味。

1 語の handout は「プリント」という意味だよ。ふつう，×print とはいわないよ。

基本レベル　標準レベル　高得点レベル　超ハイレベル

442 hang out

ぶらぶらと過ごす

よく出る I like to **hang out** with my friends on my days off.

（私は休みの日には，友達と**ぶらぶらと過ごす**のが好きです。）

外に出かけて遊ぶということを表す。

▶ Mike **hung out** with Lisa last night.

（マイクは昨夜，リサと**遊びました。**）

「（人と）遊ぶ，時を過ごす」という意味でも使われる。また，hang は不規則動詞で，**hang - hung - hung** と変化する。

443 in peace

平和に，安らかに

よく出る Most people hope to live **in peace**.

（ほとんどの人は**平和に**暮らすことを願っています。）

お墓に Rest In Peace と刻まれていることがあるけど，これは「安らかに眠れ」という意味だよ。

444 in spite of ～

～にもかかわらず

よく出る **In spite of** the heavy snow, he had to go to work.

（大雪**にもかかわらず**，彼は仕事に行かなければなりませんでした。）

関連 despite （前 ～にもかかわらず）

445

just around the corner

間近に，近づいて

よく出る My mother's birthday is **just around the corner**.
（私の母の誕生日は**もう間近**です。）

「ちょうど角を曲がったところに」→「間近に，近づいて」という意味で使われる。行事や季節などが近づいてきていることを表す。

注意 You will see a post office **just around the corner**.
（**角を曲がったところに**郵便局が見えるでしょう。）

「角を曲がったところに」という意味でも使われる。

446

Long time no see.

久しぶりですね。

よく出る Hello, Mr. White.
— Oh, hi, Jane. **Long time no see.**
（こんにちは，ホワイトさん。
— おお，やあ，ジェーン。**久しぶりですね。**）

長い間会っていなかった人に対して使うあいさつ。
It's been a while. などともいう。

447

once upon a time

昔々，あるとき

よく出る **Once upon a time** in a forest, there was a large bear.
（**昔々**ある森に，大きなクマがいました。）

おとぎ話などの出だしによく使われる。

#448

over here

こちらに，こちらでは

よく出る Excuse me.　Do you have a red baseball cap?
— Yes.　It's **over here**.
（すみません。赤い野球帽はありますか。— はい。**こちらに**あります。）

関連 over there　（向こうに，あそこで）▶▶ p.85

#449

come by

（ちょっと）立ち寄る

よく出る Can you **come by** to see me later?
（あとで私に会いに**ちょっと立ち寄って**くれますか。）

▶ I was surprised because a big white dog **came by**.
（白い大きな犬が**通り過ぎた**ので，私は驚きました。）

「通り過ぎる」という意味でも使われる。

#450

translate A into B

A を B に翻訳する

よく出る Could you **translate** this Japanese document **into** English?
（この日本語の文書**を**英語**に翻訳して**いただけますか。）

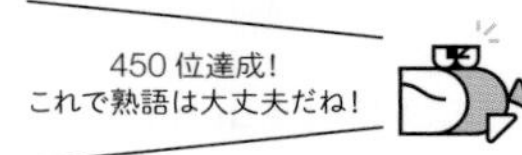

450 位達成！
これで熟語は大丈夫だね！

中学英熟語450 さくいん

●この本に出てくる見出し語450語を
アルファベット順に配列しています。
●数字は掲載ページです。

A

B

A B C D E F G H I J K L M N O P Q R S T U V W X Y Z

C

D

E

F

G

H

I

JKL

PR

S

T

UVWY

A B C D E F G H I J K L M N O P Q R S T U V W X Y Z

編集協力　佐藤美穂
小縣宏行, 宮崎史子, 牛山泰亮(株式会社 オックス), 上保匡代, 菊地あゆ子, 村西厚子
英文校閲　Joseph Tabolt
DTP　株式会社 明昌堂
データ管理コード:24-2031-1026(2022)

デザイン　修水(Osami)
キャラクターイラスト　吉川和弥 (合同会社 自営制作)
イラスト　加納徳博
録音　爽美録音株式会社
ナレーション　Julia Yermakov, Dominic Allen, 村椿玲子

本書に関するアンケートにご協力ください。

右のコードかURLからアクセスし, 以下のアンケート番号を入力してご回答ください。ご協力いただいた方の中から抽選で「図書カードネットギフト」を贈呈いたします。

※アンケートは予告なく終了する場合があります。あらかじめご了承ください。

https://ieben.gakken.jp/qr/rank

アンケート番号 305713

高校入試ランク順
中学英熟語450　改訂版

③